XXLofts

H KLICZKOWSKI

XXLofts

Idea and concept / **Idea y concepto: Paco Asensio, Hugo Kliczkowski**

Editor and text / **Editora y texto: María Sol Kliczkowski**

Copy editing / **Corrección y edición: William Bain, Rafa Lozano**

Art Direction / **Dirección de arte: Mireia Casanovas Soley**

Layout / **Maquetación: Diego González**

Translation / **Traducción: Matthew Clarke**

Copyright for the international edition / **Copyright para la edición internacional:**
© H Kliczkowski–Onlybook, S.L.
La Fundición, 15. Polígono Industrial Santa Ana
28529 Rivas-Vaciamadrid. Madrid
Tel.: +34 91 666 50 01
Fax: +34 91 301 26 83
onlybook@onlybook.com
www.onlybook.com

ISBN: 84-96241-79-3
DL: B-23899-2004

Editorial project / **Proyecto editorial**

LOFT Publications
Via Laietana, 32. 4.º, of. 92
08003 Barcelona. Spain
Tel.: 0034 932 688 088
Fax: 0034 932 687 073
e-mail: loft@loftpublications.com
www.loftpublications.com

Printed by / **Impreso en:**
Egedsa Artes Gráficas, Barcelona, Spain

Index
Índice

The origins of lofts can be traced back to the New York of the 1940s: the rising prices of homes in city centers led to a search in the outskirts for factories and workshops that provided ample space. But nowadays this tendency to convert warehouses and factories into homes has been extended everywhere and has created a style that can be applied to all types of spaces. So, what were once large spaces that were often occupied illegally by students and artists with limited financial means have grown to become elegant, luxurious residences reserved for a wealthier section of the population, or for professionals who require a space in which they can both live and work. These premises were characterized by their lack of dividing walls or partitions – which allowed light to flood inside – and they were usually sparsely fitted out with recycled furniture. These days, however, living in a loft has become an emblem of prestige and is particularly popular with architects and designers, who have recognized the enormous possibilities of these premises. A new loft style has been born as a response to emerging needs, as a flexible concept that designates not just a large converted space whose structure has been adapted to domestic use but that also marks a trend to bright, open spaces of various sizes and characteristics.

XXLofts provides examples that illustrate how this trend is applied today, from huge industrial spaces to small premises where architects have to take the fullest possible advantage of the spatial possibilities to create a feeling of greater expansiveness. This is not to ignore those lofts that still follow the now-classic American model of large factory spaces converted into homes, which exerted such a strong influence on the loft movement in cities like London and Berlin; this book, however, has opened up the range of perspectives with spaces that establish more private areas alongside other larger, more open ones, thereby contributing to the reinvention and updating of the loft concept. The essential features of a loft run through each of the examples presented here, but in each case a special emphasis is placed on the particular elements that make it distinctive, such as the height, the industrial structure, the various functions found in a single, undivided space, the simple materials, etc.

Each example is thus defined by a preestablished structure and shape but results in a strikingly original refurbishment.

El origen de los lofts hay que buscarlo, indudablemente, en el Nueva York de los años cuarenta: el encarecimiento de las viviendas en el centro de las ciudades llevó a buscar en sus alrededores fábricas o talleres que ofrecieran gran amplitud y superficie. No obstante, esta tendencia de reconversión de almacenes y fábricas en residencias conforma hoy en día un estilo que se ha extendido a todo el mundo occidental y que se aplica a todo tipo de espacios. De esta forma, lo que en un principio constituían grandes superficies habitadas, muchas veces en la ilegalidad, por estudiantes y artistas de bajo poder adquisitivo, se han convertido en elegantes y lujosas viviendas reservadas a un sector de la población más acomodado o bien cuyas profesiones requieren un mismo espacio para vivir y trabajar. Inicialmente, estos talleres o hangares se caracterizaban por ser espacios diáfanos libres de separaciones, y solían amueblarse austeramente o con enseres reciclados. En la actualidad, vivir en un loft se ha convertido en un emblema de prestigio, una tendencia cultivada por arquitectos y diseñadores que se han dado cuenta de las enormes posibilidades que ofrecen estos locales. Se concibe así un nuevo estilo loft que se adecua a las necesidades nacientes, un concepto flexible que constituye no sólo un espacio rehabilitado de gran extensión cuya estructura se adapta al uso doméstico, sino también una tendencia a los espacios abiertos y diáfanos de todos los tamaños y fisonomías.

XXLofts muestra ejemplos de cómo se aplica esta tendencia en la actualidad, desde los grandes espacios industriales hasta las pequeñas superficies, donde los arquitectos deben aprovechar las posibilidades espaciales al máximo para crear mayor sensación de amplitud. Por otro lado, no dejan de faltar aquellos lofts que siguen el ya clásico modelo americano de superficies fabriles reconvertidas en vivienda que tanto marcó el movimiento loft en ciudades como Londres o Berlín. No obstante, en esta publicación se ha abierto el abanico de perspectivas con ejemplos que mantienen zonas más privadas y zonas más abiertas y amplias, y contribuye así a la reinvención y actualización del loft. Los rasgos esenciales deambulan por cada uno de los ejemplos que se presentan y se acentúan en cada uno los elementos que lo hacen propio, como son la altura, la estructura industrial, el hecho de que se prevean diversas funciones en un solo espacio sin compartimentar, el empleo de materiales sencillos...

Cada caso se define entonces por una estructura y forma preestablecida que dará lugar a una rehabilitación de marcada originalidad.

XXLofts

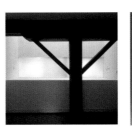

Location: France

Architects: Verdier + Rebière Architectes

Photography: Hervé Abbadie

Area: 1,700 sq. ft.

Localización: Francia

Arquitectos: Verdier + Rebière Architectes

Fotógrafo: Hervé Abbadie

Superficie: 158 m²

Loft in Pré Saint Gervais

The original spirit of the old factory can be discerned from the street, thanks to the beams and columns, as well as the great height of the space

Loft en Pré Saint Gervais

Desde el nivel de la calle se puede apreciar el espíritu original de la estructura de la antigua fábrica, tanto por las columnas y las vigas como por la gran altura del espacio

This loft is the result of the conversion of an old factory for residential use, taking advantage of the great height and respecting the previous structure, which is still visible from outside thanks to the beams and columns, as well as the great height and large windows.

In order to articulate the space in the interior, the project adopted the staircase as the central element to organize it on three levels and highlight the building's verticality. The section of staircase leading to the ground floor from the street level emerges from a painted concrete panel that sets off the lightness of the metal structure and the oak steps of the other section, which leads to the first floor, as well as providing a visual separation between the living room and dining room.

On the ground floor, the main bedroom is separated from the living room by panels that can be slid back to open up the space.

The materials used – metal and concrete – are simple, as is the parquet on the floor. The white walls enhance the feeling of spaciousness and intensify the natural light; bright colors were added to emphasize certain elements, such as the sliding panels, the closets, and the bookcase that marks off the lower staircase.

Este loft es el resultado de la reforma de una antigua fábrica cuyo fin era adaptarla a usos de vivienda aprovechando la gran altura del volumen y respetando la estructura previa, que se manifiesta en las columnas, vigas y grandes ventanales.

Para articular el interior, el proyecto adoptó la escalera como elemento central que lo organiza en tres niveles y hace evidente la verticalidad del lugar. El tramo de escalera que conduce a la planta baja desde la altura de la calle emerge de un zócalo de hormigón pintado que realza la ligereza de la estructura metálica y los escalones de roble del otro tramo, el que lleva al primer piso, a la vez que separa visualmente salón y comedor. El dormitorio principal, situado en la planta baja, se separa del salón con unos paneles correderos que también pueden dejarlo abierto a la sala de estar.

Los materiales utilizados, metal y hormigón, son sencillos, igual que el parqué empleado en el suelo. Las paredes blancas favorecen la sensación de amplitud e intensifican la luz natural, mientras que para destacar ciertos elementos como los armarios o la estantería que delimita la escalera se han aplicado colores vivos.

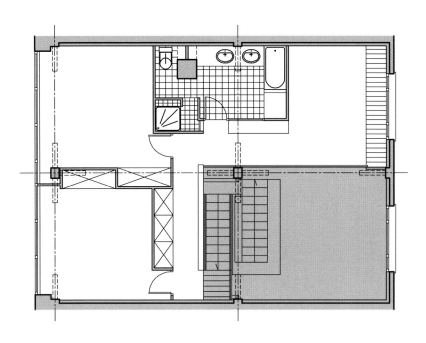

First floor
Primer piso

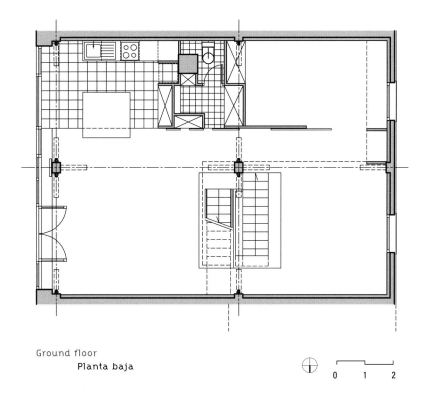

Ground floor
Planta baja

0   1   2

Location: Paris, France

Architect: Jean-Pierre Lévêque

Photography: Hervé Abbadie

Area: 860 sq. ft.

Localización: París, Francia

Arquitecto: Jean-Pierre Lévêque

Fotógrafo: Hervé Abbadie

Superficie: 80 m²

Loft on Rue Compans

This small loft is organized around a staircase with a metal structure and wooden
steps that run through all the levels of the home

Loft en la calle Compans

Este pequeño loft se organiza alrededor de una escalera de estructura metálica
y peldaños de madera que recorre todos los niveles de la vivienda

This space, which was occupied by a laboratory in the 1930s, was restored for residential use by means of a conversion which – although it had to be adapted to a floor space of limited dimensions in the form of an isosceles triangle – had in its favor a layout well suited to the creation of areas in which a function could be defined.

The staircase, made of wooden steps on a metal structure, runs through the apartment as the project's dominant element, thereby contributing to the fluidity of the space. The ground floor, partly covered by a glass roof, runs uninterrupted throughout the home, cleared of all visual obstacles, to convey the feeling of opening on to the exterior. The kitchen has been put into a unit set in an open corner, so that it is incorporated into the main space but also separate and clearly differentiated from it by a low partition and by its floor, made of cement treated with resin. The upper story, which juts out over the ground floor, contains the private area with the bedrooms and the bathroom.

Visual unity is achieved by the wood on the floor, the staircase, the kitchen work table and the access corridor to the upper floor.

Este espacio, que en los años treinta fue ocupado por un laboratorio, se recuperó para usarlo como vivienda mediante una reforma que, si bien tuvo que adaptarse a una planta con forma de triángulo isósceles y a una superficie reducida, contó con que la disposición del espacio permitía crear pequeñas áreas en las que se definen las funciones.

La escalera, de madera con estructura metálica, recorre el apartamento como elemento principal del proyecto contribuyendo a la fluidez del espacio. La planta baja, cubierta en parte por un techo acristalado, se despejó de obstáculos visuales para conseguir que la sensación de estar abierto al exterior se extendiera por toda la vivienda. En este espacio se sitúa la cocina, en un volumen encajonado en una esquina abierto e incorporado al ambiente principal y a la vez separado y diferenciado de éste por un tabique de baja altura y por su pavimento, de cemento tratado con resina. En el piso superior, suspendida sobre la planta baja, se encuentra la zona privada, con las habitaciones y el baño.

La unidad visual se logra gracias a la madera que cubre el suelo, la mesa de trabajo de la cocina, la escalera y la pasarela que lleva al piso superior.

The staircase runs through the apartment as the project's dominant element and provides various viewpoints in the course of its ascent.
The part leading to the lower level is partially covered by a sheet of glass that allows light to penetrate into the studio in the basement.

La escalera recorre el apartamento como elemento principal del proyecto y proporciona diferentes ángulos de visión. El tramo que conduce
al nivel inferior está parcialmente cubierto por una plancha de vidrio que deja pasar luz al estudio, situado en el sótano

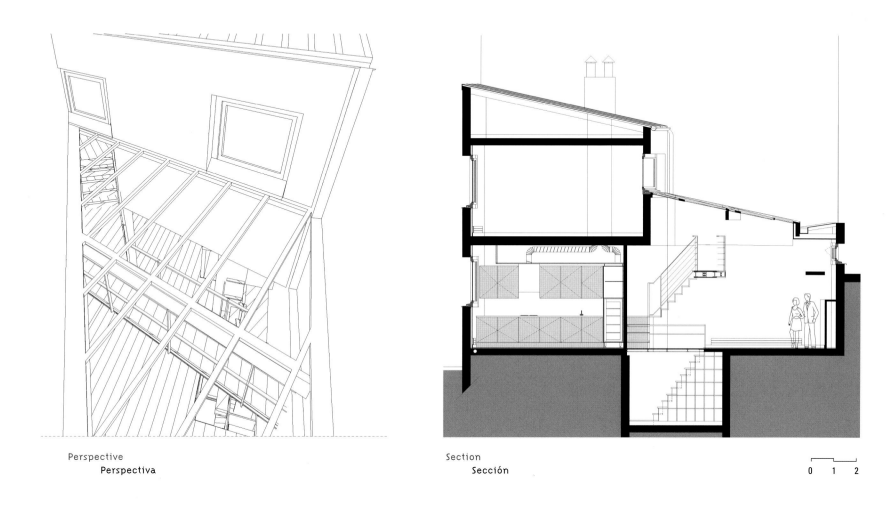

Perspective
Perspectiva

Section
Sección

0   1   2

Taking one of the outer walls as the line of reference, the architect managed to insert all the elements needed for this unconventional home into the complex geometry of the space.

Tomando una de las paredes exteriores como línea de referencia, el arquitecto logró inscribir en la compleja geometría de esta vivienda los elementos necesarios para una vivienda poco convencional

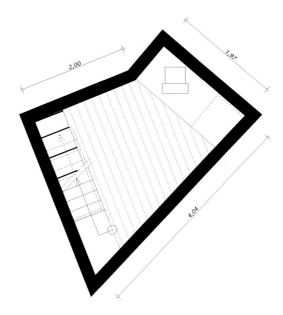

Attic
Altillo

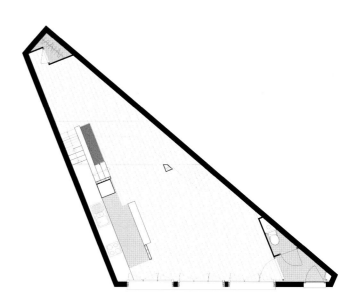

Ground floor
Planta baja

0   1   2

Location: Paris, France

Architects: Alain Baudouin and Jacob Celnikier

Photography: Philippe Dureuil

Area: 1,075 sq. ft.

Localización: París, Francia

Arquitectos: Alain Baudouin y Jacob Celnikier

Fotógrafo: Philippe Dureuil

Superficie: 100 m²

Loft on Rue des Recollets

The brief for this conversion required easy access to the upper floor and a greater intimacy for the home, which is situated in a busy courtyard

Loft en la calle Des Recollets

Las consignas de esta rehabilitación eran facilitar el esfuerzo de subir al piso superior y restablecer la intimidad de la vivienda, situada en un patio transitado

The original construction on the site of this loft comprised a ground floor and an upper story with a height of nearly 13 ft. The two architects responsible for the conversion found it in a very rough state and decided to divide the work into two complementary areas: Alain Baudoin contributed his knowledge of materials and techniques, as well as his gift for creating environments, while Jacob Celnikier took charge of the architectural details featured in the plans. The brief for this conversion required easy access to the upper floor and a greater intimacy for the home, which is situated in a busy courtyard.

The architects came up with a medium-height space for the studio, which overhangs the living room and softens the rise to the level above. They distributed the functions of the home according to a format that leads from the most public areas to the most private ones, from the entrance to the alcove of the sitting room, which also doubles up as a music room.

The simplicity of the materials sets off the exposed wood columns, thereby emphasizing the building's industrial origin. The ground floor is laid out in such a way that intimacy can be preserved even though it is visible from the courtyard outside. This effect is enhanced both by the positioning of the staircase in the foreground and its lighting, which combine to create a visual barrier.

El volumen original que actualmente ocupa este loft se componía de una planta baja y un primer piso con una altura de 3,90 m y estaba totalmente diáfano. Las consignas de esta rehabilitación eran facilitar el esfuerzo de subir al piso superior y restablecer la intimidad de la vivienda, que se encuentra en la planta baja de un patio transitado. Para lograrlo, los dos arquitectos que ejecutaron la reforma hicieron trabajos complementarios, ya que Alain Baudoin aportó sus conocimientos sobre los materiales, las técnicas y el sentido real de los ambientes, mientras que Jacob Celnikier se ocupó más de la solución arquitectónica plasmada en los planos.

La propuesta de los arquitectos consistió en crear un espacio a media altura en el que se sitúa el estudio, que sobrevuela el salón y suaviza el ascenso al siguiente nivel, y distribuir las funciones de la vivienda de lo más público a lo más privado: de la entrada, al comedor cocina, y de este, a la alcoba del salón, que es también la sala de música.

La simplicidad de los materiales permite destacar las columnas de madera vistas que soportan el piso superior y enfatizan su origen industrial.

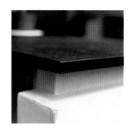  

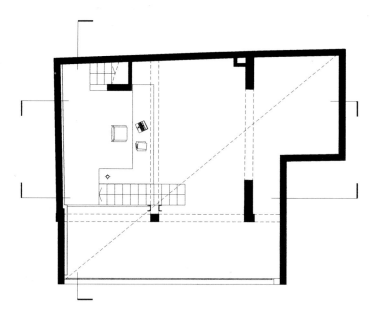

The ground floor is laid out in such a way that intimacy can be preserved even though it is visible from the courtyard outside. This effect is enhanced by both the positioning of the staircase in the foreground and its lighting, which combine to create a visual barrier.

La planta baja se ha dispuesto de manera que se pueda preservar la intimidad pese a ser visible desde el patio exterior. Para ello, se situó en primer lugar la escalera, cuyas posición e iluminación conforman una barrera visual

Ground floor
Planta baja

0 1 2

Location: Paris, France

Architects: Studio Maréchaux Architectes

Photography: Pascal Maréchaux

Area: 1,655 sq. ft.

Localización: París, Francia

Arquitectos: Studio Maréchaux Architectes

Fotógrafo: Pascal Maréchaux

Superficie: 154 m²

Loft on Rue Huyghens

The glass entrance is immediately striking and provides the home's main source of sunlight by opening out on to the exterior courtyard

Loft en la calle Huyghens

La entrada acristalada, que destaca del conjunto, aporta la principal iluminación natural a la vivienda y la abre al patio exterior

Set at the back of a courtyard packed with small workshops, there's a local wich was converted into a home after a major refurbishment. The project sought to take the fullest possible advantage of sunlight, provide more space and open up the field of vision. These aims were fulfilled by knocking down walls and reducing the surface area of the first floor to expose the full height of the large window on the façade that opens on to the courtyard.

The spiral staircase linking the two levels – rescued from an old spinning mill – frees the entrance and rears up as an almost sculptural element that makes it possible to modulate the space.

The library-living room and the kitchen are situated well apart, at either end of the ground floor, to ensure a clear separation between the settings. The upper floor contains, on one side, the main bedroom and, on the other, two smaller ones. The wall dividing the main bedroom from the rest has been left with three translucent vertical openings that make it visually less heavy. Inside the bedroom, an evocation of a journey made by the painter Titouan Lamazou decorates a panel that works both as a headrest for the bed and a separation from the bathroom area.

Al fondo de un patio abarrotado de modestos talleres se halla este local convertido en vivienda tras una intervención importante. El proyecto buscaba maximizar la iluminación natural y dar más amplitud espacial y visual, objetivos que se alcanzaron suprimiendo muros y reduciendo la superficie del primer piso para dejar a la vista en toda su altura la gran vidriera de la fachada, que abre el apartamento al patio.

La escalera de caracol que comunica los dos niveles, que fue recuperada de una antigua hilandería, se erige al franquear la entrada como un elemento casi escultórico que permite modular el espacio.

La biblioteca salón y la cocina se han situado en los extremos de la planta principal, bien alejadas, para favorecer la separación de ambientes. En el piso superior se encuentran, a un lado, la habitación principal, y al otro, dos habitaciones pequeñas. En el tabique que separa el dormitorio principal del resto se dejaron tres aberturas verticales traslúcidas que lo aligeran visualmente. Dentro de la habitación, una evocación del viaje ejecutada por el pintor Titouan Lamazou decora un panel que funciona a la vez como cabecero de la cama y como separación de la zona de aseo.

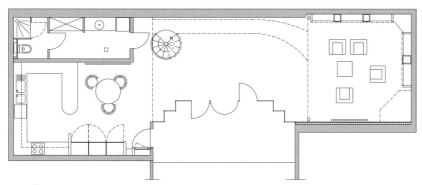

Ground floor
Planta baja

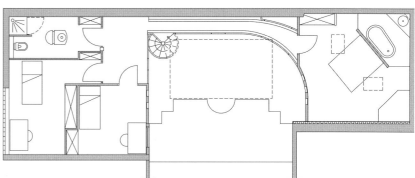

First floor
Primer piso

0 1 2

Location: Paris, France

Architect: Guilhem Roustan

Photography: Daniel Moulinet

Area: 1,935 sq. ft.

Localización: París, Francia

Arquitecto: Guilhem Roustan

Fotógrafo: Daniel Moulinet

Superficie: 180 m²

Loft on Rue de Tunis

The warm atmosphere has been achieved by grouping together elements with diverse
and imaginatively combined influences

Loft en la calle de Tunis

La calidez de la atmósfera se ha conseguido agrupando elementos de influencias
dispares que se combinan con imaginación

This loft is the result of the refurbishment of a workshop in a thriving neighborhood of Paris. The project had to adapt to the form and openings determined by the different functions of the home, as well as articulating the overall layout and ensuring a sense of spaciousness.

With this in mind, the great height of the workshop was exploited to open up a light-filled space on the top level, which houses the work area, kitchen and sitting room, while the ground floor is reserved for the bedrooms – this is possible because there is little traffic on the street and double glazing and blinds have been put in. The two levels are linked by a staircase clad in large sheets of exotic wood, which are also to be found in the bedrooms and in the expansive upper space, which receives sunlight through the side windows and the skylights in the roof. In this large room, the different functions of each setting have been marked out to take advantage of the different heights of the ceiling, and the furnishings are laid out in a way that helps to articulate the space. The warm atmosphere is the result of grouping elements with diverse influences in highly harmonious combinations.

Este loft es el resultado de la rehabilitación de un taller en un floreciente barrio de París. El proyecto debía adaptar al volumen y las aberturas impuestas las diferentes funciones de la vivienda y articular la relación del conjunto, procurando mantener la amplitud visual del espacio.

Con este fin, se aprovechó la gran altura del taller para despejar un espacio diáfano en el nivel superior, donde se situó la zona de trabajo, de cocina y de estar, de manera que la planta baja quedara reservada para las habitaciones, dado que la escasa circulación que registra la calle, así como la instalación de contraventanas y persianas, lo permitían. Ambos niveles están unidos por una escalera revestida de largas tablas de madera exótica, presentes también en las habitaciones y en el amplio espacio superior, que recibe luz natural a través de las ventanas laterales y los tragaluces situados en el tejado. En esta gran sala, las diferentes funciones de cada ambiente se han delimitado aprovechando las distintas alturas del techo y mediante un uso del mobiliario que ayuda a articular el espacio. La calidez de la atmósfera se ha conseguido agrupando elementos de influencias dispares que se combinan con gran armonía.

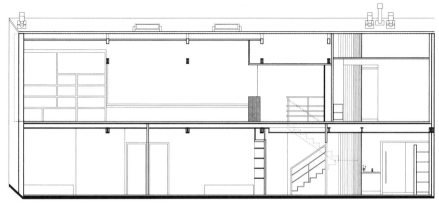

Section

Sección

0 1 2

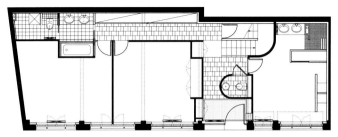

Ground floor
Planta baja

First floor
Segundo piso

0 1 2

Location: Paris, France

Architect: Philippe Demougeot

Photography: Daniel Moulinet

Area: 3,230 sq. ft.

Localización: París, Francia

Arquitecto: Philippe Demougeot

Fotógrafo: Daniel Moulinet

Superficie: 300 m²

Loft Paris 10ème

In order for the light to penetrate everywhere, even into the basement, the conversion removed part of the ceilings that separated the floors in the entrance and in the rear

Loft Paris 10ème

Para que la luz llegara a todos los rincones de la casa, incluso hasta el sótano, se eliminó parte del forjado que separaba los pisos en la entrada y en la parte trasera

A façade of glass bricks, a vestige of the paint and wallpaper store that once occupied the premises, conceals a large 3,230-sq.-ft space on the ground floor and basement that was converted into a warm, light-filled loft residence. In order for the light to penetrate everywhere, even into the basement, the conversion removed part of the ceilings that separated the floors in the entrance and in the rear – underneath a large window spanning over 430 sq. ft which gives on to the inner courtyard – and the glass-brick façade was retained to provide light for the rooms situated in this area: the lobby, the bedroom, the main bathroom, the kitchen and the guest bedroom in the basement.

Glass bricks were also used in the inner walls, blurring the view so that light can reach the bedrooms without any loss of privacy.

The ground floor was designed to achieve a warm, cozy atmosphere for the bedrooms and the office, while the basement is a large space containing the communal areas. The axis of the home is a glass and stainless steel staircase that adds to the interplay of light; it goes right into the kitchen, where it even serves as a table.

Una fachada de ladrillos de vidrio (pavés), que recuerda que este loft fue antes una tienda de pintura y papeles pintados, esconde un gran espacio de 300 m² de planta baja y sótano que la rehabilitación convirtió en un vivienda luminosa y cálida. Para que la luz llegara a todas partes, incluso hasta el sótano, se eliminó parte del forjado que separaba los pisos en la entrada y en la parte trasera, bajo un gran ventanal de más de 40 m² que da al patio interior, y se conservó la fachada de pavés que aporta luz a las estancias situadas en esta zona: entrada, dormitorio, baño principal, cocina y el dormitorio de invitados del sótano.

En las paredes interiores se emplearon también ladrillos de vidrio que distorsionan la imagen, de manera que permiten que la luz llegue hasta los dormitorios a la vez que preservan la intimidad.

La planta baja se diseñó para procurar una atmósfera cálida e íntima para los dormitorios y el escritorio, mientras que el sótano es un gran espacio que alberga las zonas comunes. El eje de la vivienda es una escalera que combina vidrio y acero inoxidable, para mantener el juego de trasluces, que llega hasta la cocina, donde se extiende para servir de mesa.

Ground floor
Planta baja

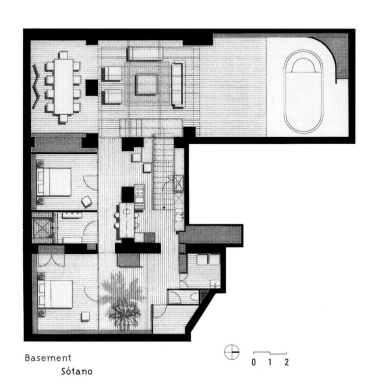

Basement
Sótano

0 1 2

Location: Paris, France

Architects: Studio Maréchaux Architectes

Photography: Pascal Maréchaux

Area: 2,365 sq. ft.

Localización: París, Francia

Arquitectos: Studio Maréchaux Architectes

Fotógrafo: Pascal Maréchaux

Superficie: 220 m²

Loft on Rue Deparcieux

The large, double-height central space – fitted out with a glass roof that can be adjusted
by remote control – comprises the transparent, luminous heart of this home

Loft en la calle Deparcieux

El gran espacio central, de doble altura y cubierto con una cristalera accionable
a distancia, constituye el corazón transparente y luminoso de esta vivienda

The challenge posed by this loft in southern Paris was to convert a dark, old furniture factory into a home filled with light. The premises, which are 13 ft wide and over 65 ft deep, are divided into three areas: a front section built on the street, another construction to the rear and a central space covered with a glass roof that was used for the manufacturing process.

The conversion turned this heart of transparency and clarity into an essential element in the illumination and ventilation of the home. This involved substituting the panels that once made up the roof with glass that can be opened by remote control, thereby transforming the area into a conservatory.

The front building is linked to the rear section on the first floor by means of a walkway that crosses the conservatory. The distribution of the private areas is concentrated on the first floor, the two mezzanines and, in the front part, another level that has been added to create a double-height block. The modest dimensions of the spaces on the top floors contrast with the large open expanse of the conservatory, which houses the kitchen, the dining room and the sitting room.

El desafío que representaba este loft consistía en transformar una antigua mueblería oscura en una vivienda luminosa. El solar mide 4 metros de ancho y más de 20 metros de profundidad, superficie que se dividía en tres: un frente edificado en el lado de la calle, otra construcción al fondo de la parcela y un espacio central cubierto con un tejado de vidrio para acoger la actividad industrial.

La rehabilitación convirtió ese corazón de transparencia y claridad en un elemento esencial en la iluminación y ventilación de la vivienda. Para ello se sustituyeron los paneles que formaban el tejado por una cristalera que puede abrirse a distancia y convierte el espacio en un jardín de invierno.

Para comunicar la construcción frontal con la trasera se concibió una pasarela que atraviesa el invernadero y las une a la altura del primer piso. La distribución de la zona privada se concentra en la primera planta, en ambos entresuelos y, en la parte frontal, en otro nivel añadido que desarrolla un volumen de doble altura. Las modestas dimensiones de los espacios de los pisos superiores contrastan con el gran volumen abierto del invernadero que alberga la cocina, el comedor y el salón.

The staircase organizes the space in an upward direction, taking on different shapes and textures on different floors
– metal, carpet or wood with drawers.

La escalera organiza el volumen en sentido ascendente adoptando formas y texturas según
el piso al que accede: metálica, alfombrada o de madera y con cajones

Location: Paris, France

Architect: Damien Brambilla

Photography: Thomas Romancant

Area: 645 sq. ft.

Localización: París, Francia

Arquitecto: Damien Brambilla

Fotógrafo: Thomas Romancant

Superficie: 60 m²

Loft on Rue Pasteur

The grayish-green concrete floor and the white ceiling traverse through
the home, from the sitting room to the kitchen, to provide unity and fluidity

Loft en la calle Pasteur

El pavimento de cemento verde grisáceo y el techo blanco recorren la vivienda sin
interrupción desde el salón hasta la cocina con unidad y fluidez

This loft resulted from the joining-up of two apartments, each measuring 320 sq. ft, in a Parisian building dating from the late 19th century. The architect sought to create a space that was as continuous and interconnected as possible and overcome the restrictions imposed by the load-bearing walls and by the limited floor space.

In order to do this, he opened up the nucleus of the home to achieve a free space that faces south, flanked by two bedrooms that are deliberately kept far apart to preserve their intimacy.

Before discovering the large central space, a visitor to the apartment is first confronted with the two elements that are most important with respect to the unity and fluidity of the setting: the grayish-green concrete floor and the white ceiling, which run uninterrupted through the home, from the sitting room to the kitchen, and define areas like the dining room or the fireplace. The floor does, however, give way to parquet, which bestows greater warmth on settings like the work area and the sitting room.

The furnishings are characterized by their delicate, sober lines and the good match with the composition and the architectural design.

Este loft surgió de la unión de dos pequeños apartamentos de 30 m² situados cada uno en un edificio parisino construido a finales del siglo XIX. La propuesta del arquitecto consistía en obtener un espacio lo más continuo y ligado posible superando las restricciones impuestas por los muros de carga y por la reducida superficie de la vivienda.

Para conseguirlo, se despejó el núcleo de la vivienda para obtener un área libre orientada al sur y flanqueada por dos habitaciones expresamente alejadas una de otra de forma que preserven cada una su intimidad.

Nada más acceder al apartamento, aun antes de descubrir el gran espacio central, se perciben ya los dos elementos más importantes para dar unidad y fluidez al ambiente: el suelo de cemento verde grisáceo y el techo blanco, que recorren la vivienda sin interrupción desde el salón hasta la cocina y definen áreas como el comedor o el espacio para la chimenea, alternándose, en el caso del pavimento, con el parqué, que aporta más calidez a ambientes como la zona de trabajo o la sala de estar.

El mobiliario se caracteriza por sus líneas delicadas y sobrias y su buen ajuste con la composición y el diseño arquitectónico.

In the central space, the only separation consists of a half-height dividing wall that isolates the studio space without any need to close it off entirely. This blue architectural element, which pays homage to Yves Klein, is conceived as an independent sculpture that provides depth while also maintaining the autonomy of the setting.

En el espacio central, la única separación consiste en un tabique a media altura que aísla el espacio del estudio sin necesidad de cerrarlo. Este elemento arquitectónico azul, homenaje a Yves Klein, se implanta como una escultura independiente que aporta profundidad a la vez que mantiene la autonomía del ambiente

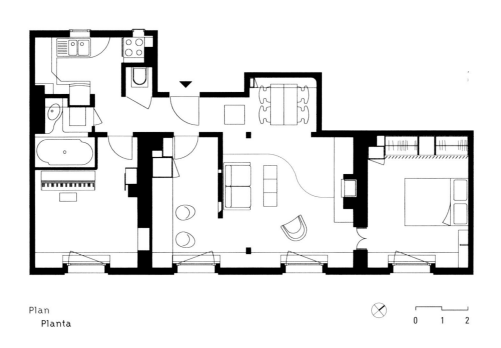

Plan
Planta

0   1   2

Location: Paris, France

Architect: Stéphane Zamfirescu

Photography: Olivier Hallot and Jacques Giaume

Area: 1,130 sq. ft.

Localización: París, Francia

Arquitecto: Stéphane Zamfirescu

Fotógrafos: Olivier Hallot y Jacques Giaume

Superficie: 105 m²

Loft on Rue de Pyrénées

The priorities of this project were the full exploitation of the limited sunlight available and the creation of an effective system of artificial lighting

Loft en la calle de Pyrénées

El proyecto se desarrolló con la prioridad de aprovechar la escasa luz natural y de organizar un efectivo sistema de iluminación artificial

The project for this loft arose from the need to adapt an old factory in the Belleville neighborhood, to the northeast of Paris, to create a family home.

The architectural challenge was centered on the exploitation of a single source of natural light, an opening in the façade, in order to illuminate a surface area of 1,130 sq. ft spread over two levels, with a depth of 39 ft, and install adjustable artificial direct and indirect lighting.

With these aims in mind, all the spaces that house activity, including those situated further to the rear, like the kitchen, office and bathroom, were orientated toward the façade. The bathroom has been fitted with a frosted-glass partition that allows light to pass through while preserving intimacy – as well as providing views of the exterior from inside the bathtub itself.

The materials were chosen to contribute to the fluidity of the space and the exploitation of both the natural and artificial light, and the combinations used – wood, concrete, brick and painted colored surfaces – are characterized by their simplicity.

El proyecto de este loft surgió de la necesidad de adaptar una antigua fábrica situada en el barrio de Belleville, al nordeste de París, para obtener una vivienda familiar.

El desafío arquitectónico consistía en aprovechar la única fuente de luz natural, una abertura en la fachada, para iluminar los 105 m² de superficie, 12 m de profundidad y dos niveles de altura del volumen, e instalar una iluminación artificial regulable para obtener luz directa e indirecta.

Con este objetivo, se orientaron hacia la fachada todos los espacios que acogen más actividad, incluso los situados más al fondo de la construcción, como la cocina, el escritorio o el baño, en el que se colocó una mampara de vidrio no transparente que, al mismo tiempo que deja pasar la claridad, preserva la intimidad y, cuando el usuario de la bañera se tumba en esta, le permite disfrutar de vistas del exterior.

Los materiales utilizados se eligieron para contribuir a la fluidez del espacio y al aprovechamiento de la claridad natural y artificial, y su combinación –madera, hormigón, ladrillo y superficies pintadas de color– se caracteriza por su sencillez.

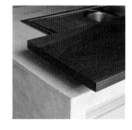

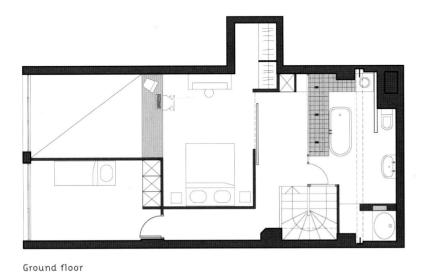

Ground floor
Planta baja

First floor
Primer piso

0   1   2

Location: Boston, United States

Architects: Ruhl Walker Architects

Photography: Jordi Miralles

Area: 1,800 sq. ft.

Localización: Boston, Estados Unidos

Arquitectos: Ruhl Walker Architects

Fotógrafo: Jordi Miralles

Superficie: 165 m²

Hunter Ritaco Loft

The project consisted on the refurbishment of an existing loft enlivened only by windows at both narrow ends, with spectacular light and spectacular views of the city

Loft Hunter Ritaco

El proyecto consistió en la remodelaciónde un loft que sólo destacaba por sus ventanales en los extremos, que proporcionaban luz y espectaculares vistas a la ciudad

uhl Walker Architects as commissioned to design the complete interior build-out of a residential loft for two executives, one of whom intended to run his business from the home. The owners desired total openness and flexibility, with all spaces flowing together as freely as possible and having multiple domestic, entertaining, and business functions, and with a material palette that would augment these general goals and stimulate the senses.

The long windowless existing side walls are activated by modulations of the new ceiling planes and custom millwork on one side, and a virtual 'floating window' of stell and translucent, back-lit acrylic on the other. This translucent wall opens up to become an extensive home office at the one end, conceals the dressing room on the other end, and is the primary light source for the entire loft, glowing with morning sunlight and evening built-in halogen light. Large concealed sliding doors allow the owners to reconfigure the spaces to accommodate constantly fluctuating needs for privacy.

Flooring is charcoal-gray stained maple in the main spaces, honed green limestone in the master bathroom, and black slate in the entry and guest bath.

El proyecto encargado a Ruhl Wlaker Architects consistía en rediseñar el interior de un loft para dos ejecutivos, uno de los cuales iba a trabajar en casa. Los propietarios deseaban continuidad y flexibilidad, un gran contenedor donde todos los espacios fluyeran de manera natural pero que a la vez permitiera desarrollar distintas actividades domésticas o profesionales sin interferencia. La paleta de materiales utilizados debía enfatizar este concepto y también ser capaz de estimular los sentidos.

Paralelamente a las largas y ciegas paredes laterales se ideó un ventana flotante constituida por un muro translúcido que se abre en un extremo para convertirse en una oficina y en el otro para ser un vestidor. Además, es la principal fuente de iluminación artificial del piso. Grandes paneles correderos permiten reconfigurar las estancias para acomodar las fluctuantes necesidades de privacidad.

El pavimento de los principales ambientes es de arce tintado con tonos grisáceos, de piedra arenisca verdosa en el baño y de pizarra negra en la entrada y el baño de invitados.

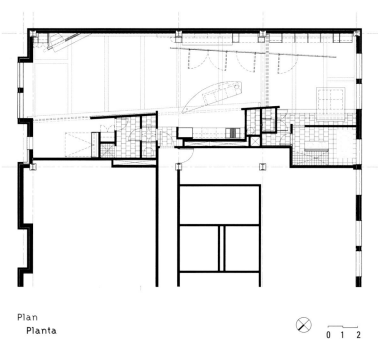

Plan
Planta

0 1 2

Custom cabinetry includes yellow aniline-dyed maple kitchen cupboards, red birch cabinetry at the office and dressing areas and built-in window seat, figured maple in the master bathroom and built-in bed, and brushed aluminium wall panels in the main living spaces.

Casi todos los muebles se diseñaron expresamente para el proyecto e incluyen armarios de arce tintada de color amarillo en la cocina, módulos de haya rojiza en la oficina y el vestidor, una cama de arce en el dormitorio principal y paneles de aluminio matizado en las estancias principales

Location: Antwerp, Belgium

Architects: Fokkema Architecten

Photography: Christian Richters

Area: 3,000 sq. ft.

Localización: Amberes, Bélgica

Arquitectos: Fokkema Architecten

Fotógrafo: Christian Richters

Superficie: 280 m²

Marnix Warehouse

Dictated by the context of the project and the identity of their clients, these Belgian architects were hired to transform a late nineteenth-century warehouse into a dynamic living space

Almacén Marnix

Dadas las limitaciones del espacio y la personalidad de los clientes, los arquitectos belgas fueron elegidos para transformar un almacén de finales del siglo XIX en un espacio dinámico

Situated on the north edge of the city, next to a large harbor, this brick building had three major compartments constructed with oak beams and pine planks.

Dictated by the context of the project and the identity of their clients, these Belgian architects were hired to transform a late nineteenth-century warehouse into a dynamic living space.

Three cubes were developed: The first floats above the ground floor and contains two bathrooms. Sandblasted glass is the only barrier between the shower and the living room. The second cube, situated halfway up the loft, contains a bedroom and the kitchen. The third cube hangs from the ceiling and contains a crow's nest bedroom.

The cubes are not only functional but also mark the circulation. Cantilevered oak planks file out of one cube as a staircase that leads to the roof terrace, while another pokes through the floor and acts as the landing.

The abstract objects relate with each other through size and form, while the white plaster and translucent glass renew the old structure of wooden beams and pillars.

Situado en el extremo norte de la ciudad, junto al puerto, este edificio de ladrillo consta de tres espacios principales que se construyeron a partir de vigas de roble y planchas de pino.

Dadas las limitaciones del espacio y la personalidad de los clientes, los arquitectos belgas fueron elegidos para transformar un almacén de finales del siglo XIX en un espacio dinámico. Se insertaron tres cubos dentro del espacio: el primero se encuentra a nivel del suelo y contiene dos baños. El cristal traslúcido es la única barrera entre la ducha y la sala de estar. El segundo cubo, situado a media altura, contiene un baño y la cocina. El tercero está colgado del techo y alberga un dormitorio.

Estos cubos no son sólo funcionales, también marcan la circulación. Una pasarela de madera conduce a la parte superior de uno de ellos, desde donde parte una escalera hacia la terraza, mientras que otro se introduce en el suelo y actúa como descansillo.

Los objetos abstractos se relacionan unos con otros mediante el tamaño y la forma, al tiempo que el yeso blanco y el cristal traslúcido renuevan un ambiente de viejas vigas y pilares de madera.

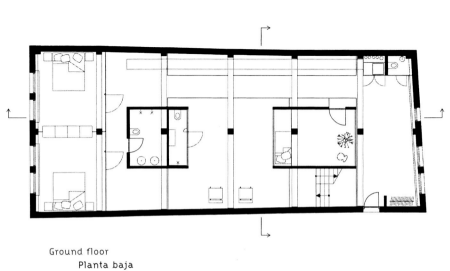

Ground floor
Planta baja

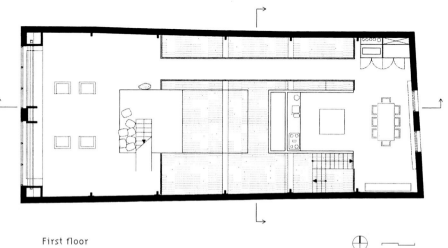

First floor
Primer piso

0 1 2

Location: Montrouge, France

Architect: Jean-Pierre Lévêque

Photography: Hervé Abbadie

Area: 1,505 sq. ft.

Localización: Montrouge, Francia

Arquitecto: Jean-Pierre Lévêque

Fotógrafo: Hervé Abbadie

Superficie: 140 m²

Loft in Montrouge

The spaciousness and cubic continuity define the architectural sensation conveyed by
these industrial premises converted into a home by exploiting their possibilities

Loft en Montrouge

La amplitud y la continuidad cúbica definen la sensación arquitectónica que transmite
este local industrial, que se ha transformado en vivienda aprovechando sus cualidades

This loft situated in the outskirts of Paris emerged from the refurbishment of a 19th-century factory that provided a space with many assets: volume, light and various levels suitable for living quarters. The architect took advantage of these qualities to create a home spread over four levels with a configuration that differed from the original layout.

The project set up an interplay between containers and contents, an intelligent puzzle dominated by continuity; the insertion of autonomous elements in some areas provides intimacy and the feeling of being either inside or outside.

The cube shapes and straight lines flow smoothly into one another. The distribution was designed to attain a continuity that makes it possible to go up to the next level and then return below without straying from a single path. This was achieved with a specific program that designed the spaces independently of the functions that they would take on. These functions were adapted to the project afterwards, as the system made it possible to define the use that would be given to each space with geometrical precision. So, it was possible to put the kitchen and one of the bedrooms on the bottom floor and the private area on the mezzanine, which juts out over the main space.

Este loft situado en los alrededores de París surgió de la renovación de una fábrica del siglo XIX que ofrecía un espacio con muchas cualidades: volumen, luz y múltiples alturas habitables. El arquitecto aprovechó estas virtudes para crear una vivienda de cuatro niveles con un sistema de volúmenes independiente del que existía.

El proyecto plantea un juego entre continentes y contenidos, un inteligente puzle donde predomina la continuidad y, al insertar elementos autónomos, se da intimidad y sensación de interior o de exterior a algunas zonas. Las formas cúbicas y las líneas rectas configuran a su vez un recorrido de gran fluidez. La circulación se concibió para lograr una continuidad que permitiera pasar por cada nivel y volver a la planta inferior sin deshacer el camino. Ello se logró con un programa específico que diseñó los espacios independientemente de las funciones que acogerían, las cuales se adaptaron al proyecto a posteriori, dado que el sistema permitía definir con rigor geométrico el uso que se daría a cada espacio. De esta forma, se pudo situar la cocina y una de las habitaciones en la planta inferior, y en el entresuelo, la zona privada, sobrevolando el área principal.

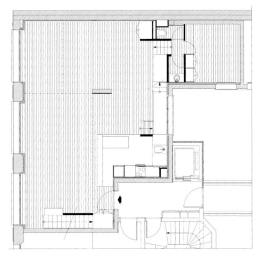

Ground floor
Planta baja

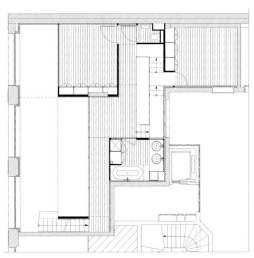

Mezzanine
Entresuelo

0 1 2

The materials used underline the general concept: the parquet, made of maçaranduba wood, helps unify the space; the stainless steel of the handrail on the staircase lightens it, while the emery-polished glass and the large window on the upper floor set up an interplay of transparencies and light.

Los materiales usados refuerzan el concepto general: el parquet de madera maçaranduba contribuye a unificar el espacio, y el acero inoxidable de la barandilla de la escalera la aligera, mientras que el vidrio esmerilado y el gran ventanal del nivel superior permiten el juego de transparencias y luz

Location: Paris, France

Architect: Odile Veillon

Photography: Hervé Abbadie

Area: 1,825 sq. ft.

Localización: París, Francia

Arquitecta: Odile Veillon

Fotógrafo: Hervé Abbadie

Superficie: 170 m²

Loft on Rue Gobert

The innovative nature of this project, which gave rise to a loft with lively contrasts
of forms and colors, respects the identity of the workshop that once stood here

Loft en la calle Gobert

El carácter innovador de este proyecto, que dio lugar a un loft de alegres contrastes
de formas y colores, respeta la identidad del antiguo taller en el que se ubica

The starting point for this loft was its position in former cabinet-making workshops dating from the early 20th century, built around a narrow, rectangular courtyard. The project had to take advantage of the building's dimensions and two-directional orientation to create a versatile space that preserves the site's identity. The sunlight that enters through the three windows on the southern face falls on the sitting room, while the dining room is situated in the northern part. In this way, a square volume was formed, with the functions structured around the alignment of four columns and a brightly colored low partition in the dining room.

In the main area, the kitchen, equipped with stainless-steel fittings, sets up a subtle dialogue between elegance and sobriety. The dimensions of the sitting room allow it to fulfill several functions, including that of the studio in which the architect works. The only closed area is the private one, which also takes full advantage of the light; the design concept extends even to the closets, with their original wavy lines.

The furniture provides splashes of color that contrast with the white walls and endow each setting with definition and structure.

La concepción de este loft nace de su emplazamiento, en unos talleres de ebanista de principios del siglo XX situados alrededor de un patio rectangular y estrecho. El proyecto debía aprovechar la doble orientación del local y sus dimensiones para crear un espacio transformable manteniendo la identidad del lugar. Para ello, se usó la luz natural proveniente de las tres ventanas del lado sur para el salón, mientras que el comedor se situó en la parte norte. Así se estableció un volumen en escuadra donde las funciones se estructuran en torno a la alineación de cuatro columnas y de un tabique bajo de color intenso en el comedor.

La cocina, que se encuentra en el área principal, equipada con mobiliario de acero inoxidable, permite un discreto juego entre la elegancia y la sobriedad. El salón, por sus dimensiones, acoge diversas funciones, incluido el taller donde trabaja la arquitecta. La única zona cerrada es la privada, donde también se aprovecha la luz y donde el diseño se plasma incluso en los armarios, de originales líneas ondulantes.

El mobiliario aporta toques de color que contrastan con las paredes blancas y consiguen distinguir y estructurar cada ambiente con naturalidad.

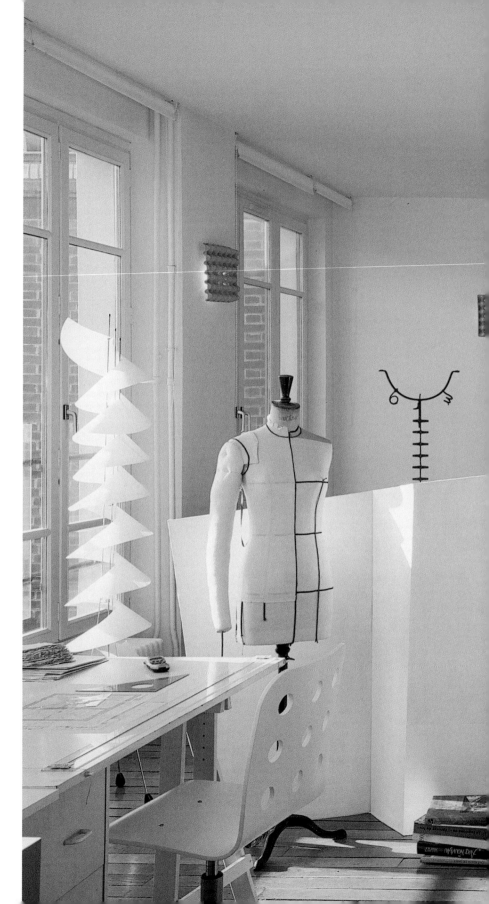

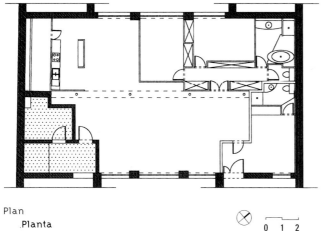

Plan
.Planta

⊗   0 1 2

In the private area, the design even takes in the closets, with their wavy lines, and the wall lights, designed by the architect herself. The bathroom combines glass paste and white cement to create an "aquatic" environment whose pale tones compensate for the lack of natural light.

En la zona privada, el diseño se plasma incluso en los armarios, de líneas ondulantes, y en los apliques de luz, ideados por la propia arquitecta. El baño conjuga la pasta de vidrio y el hormigón blanco para crear un ambiente "acuático" de gran claridad que atenúa la falta de luz natural

Location: Paris, France

Architects: Gaëlle Hamonic and Jean-Christophe Masson

Photography: Hervé Abbadie

Area: 2,850 sq. ft.

Localización: París, Francia

Arquitectos: Gaëlle Hamonic y Jean-Christophe Masson

Fotógrafo: Hervé Abbadie

Superficie: 265 m²

Loft on Rue Popincourt

This home, in which an old structure coexists with a modern architectural approach, was configured as a space in which natural light is omnipresent

Loft en la calle Popincourt

Esta vivienda se configura como un espacio donde la luz natural es omnipresente y donde una estructura antigua convive con una solución arquitectónica moderna

This large loft was the result of a radical intervention in a practically empty space that opens on to a passageway in the old outskirts of Paris. The project was configured on the basis of two premises: on the one hand, the preservation of the façades and the roofs and, on the other, a new construction in the centre of the home, once occupied by the coach house. So, after the conversion, the home emerged as a new space in which an old structure coexists with a new, modern architectural approach where natural light is omnipresent.

The conversion took advantage not only of the existing structure but also the back patio, now a garden, which provides all the bedrooms with light and a sense of spaciousness. Furthermore, the respect for the design of the original façade allows the building to blend in with the neighboring buildings.

The lobby leads to the sitting room, which is a large space flooded with light that gives on to the patio. From there, the settings succeed each other, differentiated solely by their lighting or volume, with no obstacle to impede the continuity, just a few filters that hint at the transitions: a line of bamboos in the patio, and screens made of transparent or translucent polycarbonate screens.

Este gran loft nace de una intervención radical en un espacio prácticamente vacío y abierto a un pasaje de los antiguos arrabales de París. El proyecto se configuró a partir de dos premisas: por un lado, la conservación de las fachadas y los tejados, y por otro, una nueva construcción en el centro de la vivienda, donde antes se situaba la cochera. De esta manera, tras la reforma, la vivienda se establece como un espacio donde cohabitan una antigua estructura con una solución arquitectónica nueva y moderna y donde la luz natural es omnipresente.

La realización ha sabido aprovechar la estructura existente, así como el patio trasero, que se convierte en jardín y que aporta luz y amplitud a todas las habitaciones. Al conservar el carácter de la fachada exterior se consigue la discreción dentro del vecindario.

Desde la entrada se accede al salón, un amplio volumen de gran claridad que da al patio. A partir de aquí, los ambientes se suceden diferenciándose por su iluminación o su volumetría, sin que nada impida la continuidad. Sólo algunos filtros insinúan las transiciones: una fila de bambúes en el patio o pantallas de policarbonato transparente o traslúcido en la cocina.

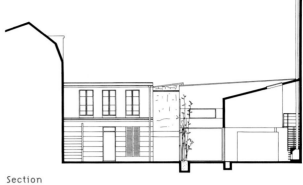

Section
Sección

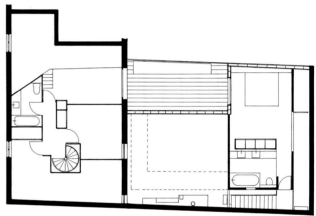

First floor
Primer piso

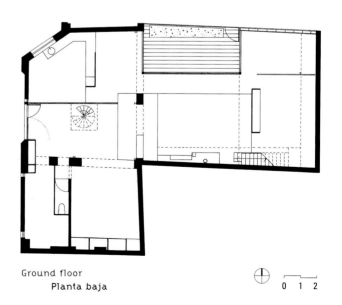

Ground floor
Planta baja

0 1 2

Budgetary limitations meant that simple materials were used: a metal structure, white or painted walls and transparencies, all designed to contribute to the overall feeling of lightness.

Debido al limitado presupuesto, se utilizaron materiales sencillos: una estructura metálica, paredes blancas o pintadas y transparencias, todo ello para contribuir a la ligereza del conjunto

Location: Paris, France

Architects: Verdier + Rebière Architectes

Photography: Hervé Abbadie

Area: 623 sq. ft.

Localización: París, Francia

Arquitectos: Verdier + Rebière Architectes

Fotógrafo: Hervé Abbadie

Superficie: 58 m²

Loft on Rue Amelot

The confined space has been skillfully handled to create a comfortable and functional
home with simple lines and a striking personality

Loft en la calle Amelot

El espacio reducido se ha tratado con habilidad para obtener una vivienda
confortable y funcional de líneas sencillas y marcada personalidad

This small loft has taken the fullest possible advantage of every nook and cranny to create a colorful, roomy setting. In order to conjure up a greater sense of spaciousness, an open kitchen was added to the large sitting room, separated visually by a table fixed to a bright red wall and a double-sided shelf unit. Apart from the steel kitchen equipment, a combination of rustic and more industrial materials has been used to break away from the traditional image.

Taking advantage of the 10-ft-high ceiling, an interplay of overlapping volumes has been set up to create an alcove on a mezzanine; this is situated above a storage space and opens on to the living room, although it is partially hidden by a block that has also been painted red. This layout means that light is exploited throughout, even in the bedroom, which is separated off to maintain privacy.

A resin was applied to the floor to unify the setting and make it seem wider. Furthermore, the contrast between the concrete and steel, along with the added splashes of red, establish a resonance of forms and materials that is heightened by the choice of furniture, whose colorfulness and variety enhance the effect of this setting with simple lines and a striking personality.

En este pequeño loft se han aprovechado todos los rincones al máximo para crear un ambiente amplio y colorido. Para dar más sensación de amplitud, se añadió al gran volumen del salón una cocina abierta, separada visualmente por una mesa fija adosada a una pared pintada de rojo intenso y a una estantería de doble cara. Además del mobiliario de cocina, de acero, en esta pieza se han usado materiales rústicos y de origen industrial que permiten alejarse de una imagen tradicional.

Aprovechando los tres metros de altura del techo, se instaló un juego de imbricación de volúmenes que permitió crear una alcoba en altillo situada sobre un espacio de almacenamiento, abierta al salón y semioculta tras un bloque pintado de rojo. Así, la luz se aprovecha en todos los rincones, incluso en la habitación, que se ha aislado para preservar la intimidad.

Para el suelo se utilizó una resina que unifica el conjunto y aporta más sensación de anchura. Por otro lado, el contraste del cemento y del acero con los toques de color rojo logra un juego marcado por la forma y la materia que se acentúa con el mobiliario. Éste contribuye con su colorido y variedad a crear un ambiente de líneas sencillas y marcada personalidad.

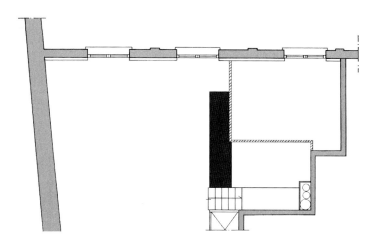

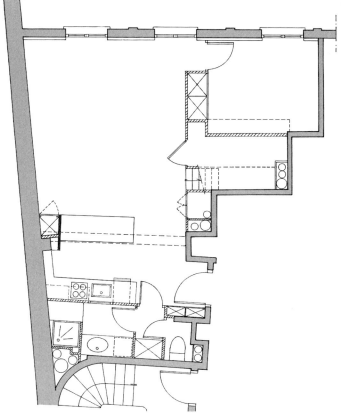

Attic and ground floor
Altillo y planta baja

0 1 2

Location: Paris, France

Architects: Laetitia Viallon and Jean-François Piron

Photography: Jean Villain

Area: 548 sq. ft.

Localización: París, Francia

Arquitectos: Laetitia Viallon y Jean-François Piron

Fotógrafo: Jean Villain

Superficie: 51 m²

Loft on Avenue Philippe Auguste

The simple lines, the warmth of the flooring and the use of translucent materials
in the divisions bring spaciousness to what were originally dark, poky premises

Loft en la avenida Philippe Auguste

Las líneas sencillas, la calidez de los pavimentos y el uso de materiales translúcidos
en las divisiones ganan amplitud visual para un espacio pequeño y oscuro en origen

This loft, designed as both a home and work space for a young couple without children, is the result of the refurbishment of part of a mirror store dating from 1920. The redbrick building topped with a glass and metal structure reminiscent of Eiffel is situated in quiet, sunny patio. The small size – two stories of 270 sq. ft each – and the lack of sunlight on part of the ground floor required an intervention that concentrated on making the most of these limited possibilities.

The architects divided the space into three: on the ground floor there is a work studio, along with the garden terrace and a more intimate space, while the other rooms are on the first floor. The need to achieve the greatest possible spaciousness demanded a project that removed barriers and opaque surfaces. The façade was therefore made of glass, to capture the maximum amount of sunlight and extend the visual space of the interior into the patio dotted with trees. Moreover, the different areas are marked off by variations in the floor height, or by panels made of translucent or transparent materials. For example, the work space and the private area are only separated by a polycarbonate partition that allows light to pass through.

Este loft, pensado como vivienda y espacio de trabajo para una joven pareja sin hijos, es el resultado de la reforma de parte de una tienda de espejos que data de 1920. El edificio, de ladrillo rojo coronado con una estructura metálica y una vidriera al estilo Eiffel, se sitúa en un patio soleado y tranquilo. La escasa superficie –dos pisos de 25 m² cada uno– y la falta de luz natural en una parte de la planta baja requerían una intervención centrada en aprovechar al máximo esas pobres posibilidades.

Los arquitectos dividieron el volumen en tres: en la planta baja, un estudio de trabajo junto a la terraza ajardinada y un espacio más íntimo, y en el primer piso, las demás estancias. La necesidad de lograr la mayor amplitud posible exigió un proyecto que eliminara los límites de paredes y las opacidades. Por ello, la fachada se realizó en vidrio, para dejar pasar la mayor cantidad de luminosidad y prolongar el espacio visual del interior hacia el patio arbolado, a la vez que se optó por delimitar las zonas creando desniveles o instalando láminas de materiales translúcidos o transparentes. Por ejemplo, el lugar de trabajo y el espacio íntimo están separados tan solo con una división de policarbonato que deja fluir la luz.

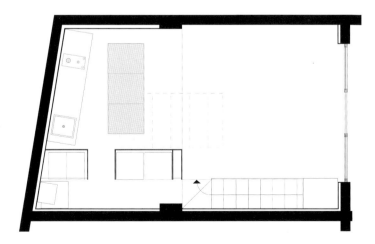

Ground floor
Planta baja

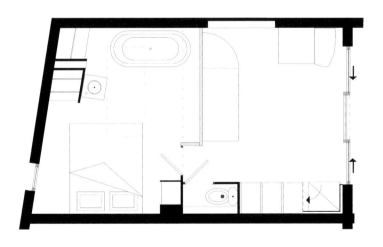

First floor
Primer piso

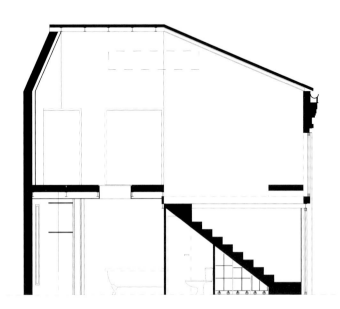

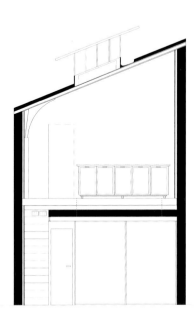

Sections
Secciones

Location: New York City, United States

Architect: Deborah Berke

Photography: Catherine Tighe

Area: 3,700 sq. ft.

Localización: Nueva York, Estados Unidos

Arquitecta: Debora Berke

Fotógrafa: Catherine Tighe

Superficie: 345 m²

Brown Loft

An emphasis on perspective, an open plan, and a muted palette of materials
afford a sense of spaciousness and light to this Soho loft

Loft Brown

El énfasis en la perspectiva, un plano libre y la reducida variedad de materiales
crean una sensación de espacio y luminosidad en este loft del Soho

Part of a renovated industrial building, this space was fitted out for an artist and illustrator who wanted a space for living, working, and entertaining clients. The original columns of the building were left retained and restored, acting as a polished foil for the modernity of the renovation. Their presence creates an invisible line between the kitchen and living areas. Translucent acrylic and aluminum partitions allow for flexible divisions between the major spaces and disappear discreetly into pockets in the wall. A kitchen island is always useful in an open-plan space, acting simultaneously as a working surface, eating table, and divider between kitchen and living areas. Industrial attributes, such as the sprinkler pipes along the ceiling, were restored and kept exposed as a reminder of the building's original state.

Este espacio, que forma parte de un edificio industrial rehabilitado, se creó para un artista e ilustrador que requería un lugar para vivir, trabajar y recibir a sus clientes.

El proyectó preveía la restauración de las columnas originales del edificio, recurso que enfatiza la modernidad de la renovación. Su presencia crea una línea invisible entre la cocina y la sala de estar.

Las particiones de acrílico traslúcido y aluminio permiten una flexible división de las estancias principales y desaparecen discretamente cuando es necesario, ocultas en la pared.

Se instaló una isla en la cocina, componente que siempre es útil en los espacios sin divisiones, ya que puede actuar como superficie de trabajo, mesa y partición entre la cocina y las otras áreas de la vivienda.

Los elementos industriales, como el sistema de aspersores contra incendios, fueron restaurados y mantenidos a la vista como recordatorio de los orígenes del edificio.

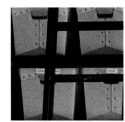

The original columns of the building were left retained and restored, acting as a polished foil for the modernity of the renovation. Their presence creates an invisible line between the kitchen and living areas. Translucent acrylic and aluminum partitions allow for flexible divisions between the major spaces and disappear discreetly into pockets in the wall.

Las columnas originales fueron restauradas, lo que subraya la modernidad de la reforma y origina una división invisible entre la cocina y la sala de estar. Se utilizaron paneles de acrílico y aluminio a modo de particiones que dividen las estancias principales o se ocultan en la pared si es necesario

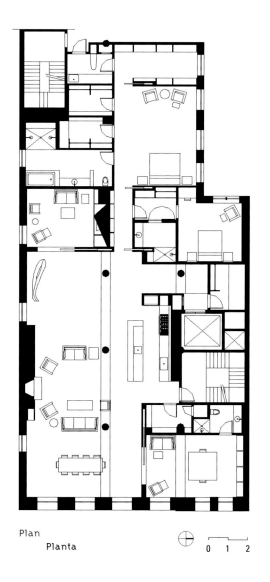

Plan
Planta

0 1 2

Location: Ivry sur Seine, France

Architects: Laurence Vittet-Lecluyse and François Lemasne

Photography: Berto Lecluyse

Area: 3,225 sq. ft.

Dirección: Ivry sur Seine, Francia

Arquitectos: Laurence Vittet-Lecluyse y François Lemasne

Fotógrafo: Berto Lecluyse

Superficie: 300 m²

Loft in Ivry sur Seine

The functionality of this intimate residence was studied by taking into account its industrial origins and its dual use as a residence and studio

Loft en Ivry sur Seine

En esta acogedora vivienda, la funcionalidad ha sido estudiada teniendo en cuenta el origen industrial del edificio y su doble uso actual, como residencia y como estudio

This loft is situated in Ivry sur Seine, near Paris, in a factory that has been converted into lofts designed for both living and working, as the occupants are required to carry out some kind of artistic activity. In this case, the idea was to insert a work and living space into a light-filled setting measuring 46 by 55 ft, while respecting the industrial features but also creating the warmth needed in a home.

Each setting had to have its own identity, due both to the location and the volumetric characteristics. The project therefore structured the space along a diagonal that runs from the entrance to the private area, crossing the office, so that a visitor discovers the loft gradually.

The home is distributed on two levels: the lower floor houses the terrace, the lobby, a workshop, an office, a bathroom, an open kitchen, two bedrooms for the children and one for guests, while the upper floor has another two bedrooms, a bathroom and a toilet.

Some structural elements have been left open to view, to recall the building's industrial origins, while the materials used, such as the wood and the stone chosen for the floor, counteract any feeling of coldness.

Este loft se sitúa en la zona de Ivry sur Seine, cerca de París, en una fábrica cuya rehabilitación se ha destinado exclusivamente a espacios de este tipo. En este caso, se trataba de incluir en un volumen diáfano de 14x17 m un espacio de vida y de trabajo que respetara el aspecto industrial del lugar y, a la vez, contara con la calidez que necesita una vivienda.

Cada ambiente debía tener su propia identidad, tanto por su situación como por su volumetría. Por ello, el proyecto estructuró el espacio a lo largo de una diagonal que va de la entrada a la zona privada pasando por el estudio, de manera que el visitante descubre el loft paulatinamente.

La vivienda se distribuye en dos niveles: en el piso inferior se sitúan la terraza, la entrada, un taller, un estudio, un baño, una cocina abierta, dos habitaciones para los niños y una de invitados; y en la planta superior, otras dos habitaciones, un baño y un aseo.

Algunos elementos estructurales quedan a la vista, para recordar el origen industrial del lugar, mientras que los materiales usados, como la madera y la piedra escogidos para el pavimento, rebajan la sensación de frialdad.

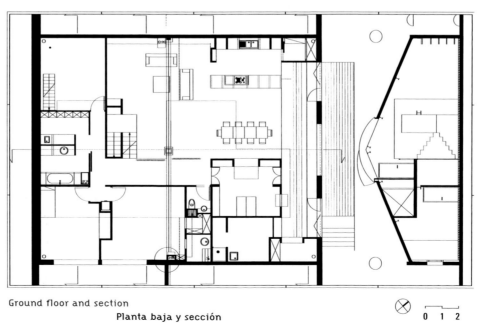

Ground floor and section

Planta baja y sección

0　1　2

The structural elements, beams and pillars are exposed to view as a reminder of the building's industrial origins, while the materials chosen for the finishings, such as the floors — made of wood in the most private areas and stone in the communal ones — add warmth to the house.

Los elementos estructurales quedan a la vista, como un recordatorio del origen industrial de la construcción, mientras que los acabados, como los pavimentos, de madera en las zonas más privadas y de piedra en las comunes, dan calidez a la vivienda

Location: Paris, France

Architect: Bernard Gory

Photography: Christian Zachariassen

Area: 1,830 sq. ft.

Localización: París, Francia

Arquitecto: Bernard Gory

Fotógrafo: Christian Zachariassen

Superficie: 170 m²

Loft in Belleville

The intention of this project was to create a multifunctional space that can be adapted to the needs of its occupants

Loft en Belleville

La intención del proyecto era crear un espacio multifuncional que pudiera adaptarse a las necesidades de sus ocupantes

This spacious 1,830-sq.-ft loft is situated on the ground floor of a two-story building that, until recently, housed a pillow factory. The refurbishment sought to create a multifunctional space that can be adapted to the needs of its occupants by permitting a large number of combinations, both for a family home and for an office, so that each space is defined by its furnishings and layout.

The main challenge, however, lay in distributing the space while maintaining the pre-existing structure, with its oak pillars, and enabling the sunlight to penetrate as far as possible through the windows that run uninterrupted along the outer wall. In order to do this, plastic partitions were set perpendicular to this wall, while sliding doors running in the opposite direction also help the light to seep in. The end result is a loft divided into three sections: the first one, which includes the sitting room and a closed bedroom, is spread alongside the window; the second, separated from the sitting room by sliding doors, contains two bedrooms, the kitchen, the bathroom and the lobby, while the third section houses the service area and laundry room.

Este espacioso loft de 170 m² se sitúa en los bajos de un pequeño edificio de dos plantas que albergaba, hasta hace poco tiempo, una fábrica de almohadas. La intención de la reforma era crear un espacio multifuncional que pudiera adaptarse a las necesidades de sus ocupantes y que permitiera una gran variedad de combinaciones, tanto para una vivienda familiar como para una oficina, de forma que cada ambiente se definiera por el mobiliario y su disposición.

Pero el desafío consistía en distribuir el espacio manteniendo las columnas de roble y la construcción existente, así como en permitir el paso de la luz natural hasta la zona más alejada desde las ventanas continuas de la pared exterior. Por ello, para las divisiones perpendiculares a esta pared se utilizaron tabiques de plástico, y en la otra dirección, puertas correderas de cristal que contribuyen a que la luz fluya. De esta forma, el loft queda dividido en tres partes: una, a lo largo de los ventanales, que incluye el salón y una habitación cerrada; otra, que contiene dos dormitorios, la cocina, el baño y la entrada y que se separa del salón por puertas correderas, y una última que alberga la zona de servicios y el lavadero.

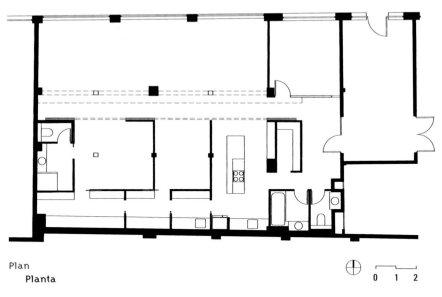

Plan
Planta

0 1 2

Location: Paris, France

Architect: Damien Brambilla

Photography: Antonio Duarte

Area: 375 sq. ft.

Localización: París, Francia

Arquitecto: Damien Brambilla

Fotógrafo: Antonio Duarte

Superficie: 35 m²

Loft on Rue des Envièrges

The natural materials combine with the colors and forms to enhance the simple, spacious look of this small loft

Loft en la calle Des Envièrges

Tanto los materiales naturales utilizados como los colores y las formas contribuyen al aspecto sencillo y amplio de este pequeño loft

This small loft situated at the top of Belleville was heavily divided by partitions before the conversion and its sole asset was its exceptional views of Paris. The refurbishment introduced a new layout, creating a single living space – flooded with light, and with even better access to the surrounding landscape – a fully equipped bathroom and a more intimate bedroom. It also emphasized the fact that the apartment looks both eastward and westward, to facilitate the circulation of sunlight from both ends.

The limited space available obliged the kitchen to remain open to the living room – although the two spaces are marked off by the floor, which is tiled in the kitchen (as in the lobby and bathroom) and parquet in the living room (as in the bedroom). This simple device distinguishes the space without any need to overload them.

The natural materials combine with the colors and forms to enhance the simple, spacious look of this small apartment; the conversion has found a delicate balance between functionality and the architectural conception of spaciousness.

Este pequeño loft situado en lo alto de Belleville estaba antes de la reforma muy dividido por tabiques y sólo contaba a su favor con unas vistas excepcionales de la ciudad. El proyecto de rehabilitación impuso una redistribución para obtener un único gran espacio de estar luminoso y desde donde pudiera aprovecharse el paisaje, un baño completo y un dormitorio más íntimo, y puso el énfasis en la doble orientación del apartamento hacia el este y el oeste, para facilitar la circulación de la luz natural desde ambos extremos.

Debido a los pocos metros cuadrados disponibles, la cocina queda abierta a la sala de estar, aunque ambos espacios están delimitados por el pavimento, que es de baldosas para la zona de cocina, como en la entrada y en el baño, y de parqué para el salón, igual que en el dormitorio. Este sencillo recurso distingue los espacios sin necesidad de sobrecargarlos.

Tanto los materiales naturales utilizados como los colores y las formas contribuyen al aspecto sencillo y amplio de este pequeño apartamento en el que se ha sabido cuidar el equilibrio entre la funcionalidad y la estética arquitectónica de amplitud que se buscaba.

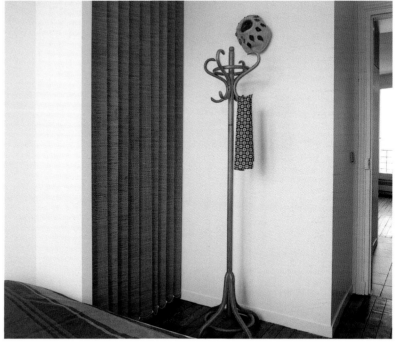

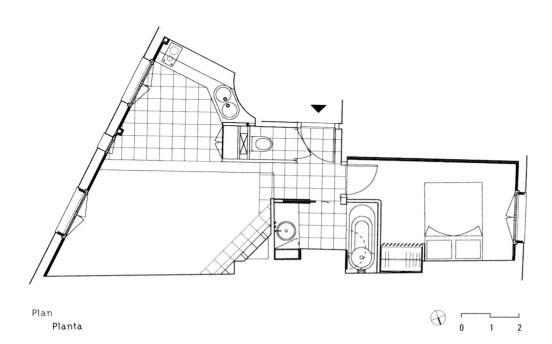

Plan
Planta

0   1   2

The decoration is sober and conforms
to the sense of spatial volume
underlying the conversion. The living
room boasts a striking, specially
commissioned painting by Oleg
Goudcoff, whose colors were also
expressly planned for this apartment.

La decoración es sobria y mantiene
el volumen espacial que se pretendía.
En el salón destaca un cuadro del
pintor Oleg Goudcoff, realizado
por encargo y cuyos colores también
fueron expresamente pensados
para este apartamento

Location: Paris, France

Architects: Verdier + Rebière Architectes

Photography: Hervé Abbadie

Area: 1,400 sq. ft.

Localización: París, Francia

Arquitectos: Verdier + Rebière Architectes

Fotógrafo: Hervé Abbadie

Superficie: 130 m²

Loft on Rue Flachat

This home is a series of clearly defined settings that flow into each other, with an interplay of levels that creates a volume with a strikingly original design

Loft en la calle Flachat

Esta vivienda es un conjunto de ambientes definidos que se suceden con continuidad y donde el juego de niveles crea un volumen de diseño y originalidad

This loft is situated in a 19th-century building that has experienced several transformations. The project had to turn a long, narrow and unobstructed area into an apartment with four settings. To do this, the architects designed a program based on the two existing levels – the ground floor, linked to a garden, and a basement – to create three differentiated levels.

This process involved building a wall that crosses the entire apartment on a vertical plane; this wall structures the volume that contains – going from bottom to top – the bathroom, the kitchen and the studio, which is set on a mezzanine jutting out over the sitting room. The ground floor also sets up an interplay of levels, as these are used to separate the settings without interrupting the visual flow, in such a way that it is possible to see the dining area – which gives on to the garden – from the lounge, which in turn looks out on to the street, through the kitchen, whose floor is slightly lower than that of the other two areas. This fluidity contrasts with the closed volume of the mezzanine.

The entire volume has been conceived to take maximum advantage of the space, with shelves put into niches and corners – for example, the small bookcase under the stairs and the shelves on the upper level.

Este loft se encuentra en un edificio del siglo XIX que ha sufrido varias transformaciones. El proyecto debía adaptar una superficie libre, larga y estrecha, para crear un apartamento de cuatro ambientes. Los arquitectos diseñaron para ello un programa que partía de los dos niveles existentes –la planta baja, que comunica con un jardín, y un semisótano– para crear tres niveles diferenciados.

La solución consistió en levantar una pared que atraviesa en vertical toda la vivienda y que estructura el volumen que contiene, del nivel inferior al superior, el baño, la cocina y el estudio, ubicado en un altillo suspendido sobre el salón. También se creó un juego de niveles en la planta baja que separa los ambientes sin interrumpir la fluidez visual, de forma que desde el salón, que da a la calle, es posible ver el comedor, que da al jardín, a través de la cocina, cuyo suelo queda un poco más bajo que el de las otras dos piezas. Esta fluidez contrasta con el volumen cerrado del altillo.

Toda la distribución ha sido pensada para aprovechar al máximo el espacio, creando estanterías en huecos y rincones, como la pequeña biblioteca situada junto a la escalera o los estantes del nivel superior.

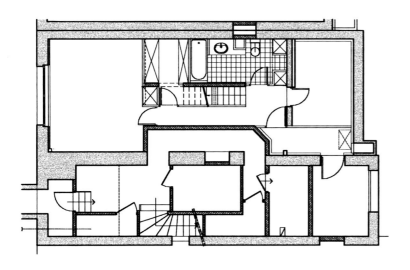

Basement
Sótano

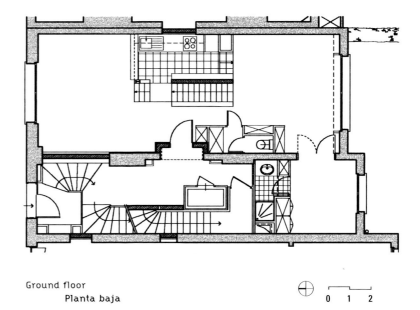

Ground floor
Planta baja

0 1 2

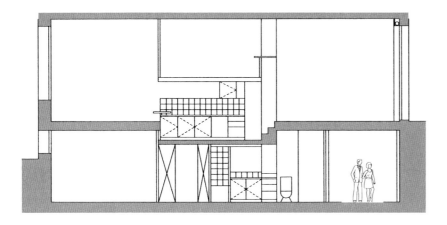

Section
Sección

The sunlight that streams into both ends is exploited
in both the open kitchen and the office, which is closed
off with glass on one side to achieve greater luminosity.

La iluminación natural que se recibe por ambos extremos
se aprovecha tanto en la cocina abierta como en el
estudio, que se cerró por uno de los lados con cristal
para ganar en claridad

Location: Paris, France

Architect: Alessandro Mosca

Photography: Hervé Abbadie

Area: 2,150 sq. ft.

Localización: París, Francia

Arquitecto: Alessandro Mosca

Fotógrafo: Hervé Abbadie

Superficie: 200 m²

Loft on Rue Arthur Rozier

The structure of the staircase – the loft's central element – facilitates an interesting
distribution of the spaces on both the ground floor and the first story

Loft en la calle Arthur Rozier

La estructura de la escalera, elemento central del volumen, permite un reparto
interesante de los espacios tanto en la planta baja como en el primer piso

The architect Alessandro Mosca took advantage of the height of this old print shop to create an innovative residence, without reducing the visual space proper to its former use.

In order to do this, he drew up a mezzanine that is accessed by two different stretches of staircase, thereby contributing to the unusual layout of the upper floor: to one side, the bedroom and the studio; on the other, the bathroom. As the building's structure is very old, the mezzanine was supported by an independent structure. Moreover, it does not occupy the overall surface area but pulls back slightly to allow light to pour in from the courtyard through the windows and the skylights.

The configuration of the staircase, the loft's central element, also facilitates an interesting distribution of the spaces on the ground floor, as well as visually separating the spaces that differentiate the kitchen and the living area, taking maximum advantage of the natural light in both cases.

The conversion uses simple, cheap and resistant materials, while the decoration establishes a contrast between the dominant pale colors on the walls and a scattering of bright red elements.

El arquitecto Alessandro Mosca aprovechó la altura de este espacio, un antiguo taller de imprenta, para conseguir una vivienda de carácter innovador sin reducir el espacio visual propio de su anterior uso.

Con este fin, proyectó un entresuelo al cual se accede desde dos tramos diferentes, lo que contribuye a una distribución singular de la planta superior: a un lado, el dormitorio y el estudio; al otro, el baño. Debido a la antigüedad de la estructura del edificio, el entresuelo se soporta con una estructura independiente. Además, esta planta no ocupa toda la superficie, sino que retrocede ligeramente para tolerar el paso de la luz procedente del patio, que penetra por las ventanas y por las claraboyas del tejado.

La disposición de la escalera, elemento central del volumen, permite un reparto interesante de ambientes también en la planta baja y una separación visual de los espacios que diferencia la zona de la cocina y la de la sala de estar, aprovechando en cada una al máximo la luz natural.

Los materiales usados son sencillos, económicos y resistentes, en tanto que la decoración establece un contraste entre los colores claros dominantes en las paredes y unos pocos elementos de un rojo muy intenso.

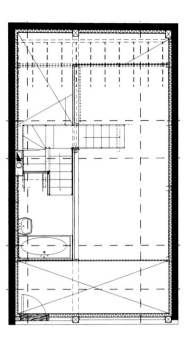

First floor
Primer piso

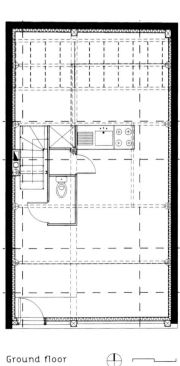

Ground floor
Planta baja

0 1 2

Location: Paris, France

Architects: Verdier + Rebière Architectes

Photography: Hervé Abbadie

Area: 2,580 sq. ft.

Localización: París, Francia

Arquitectos: Verdier + Rebière Architectes

Fotógrafo: Hervé Abbadie

Superficie: 240 m²

Loft París 19ème

The end result of this project was a setting of great fluidity and harmony that fitted
the functional requirements into a very complex floor space

Loft París 19ème

Con este proyecto se ha logrado un espacio de gran fluidez y armonía al adecuar los
requerimientos funcionales a una planta de gran complejidad

An old workshop with a triangular floor space, a structure supported by pillars and an irregular roof was subjected to a complex architectural intervention to light up this loft, which comprises a residence and two artists' studios. The setting has retained its industrial look, not only on account of the structure but also through the materials used.

As for the layout, the conversion bestowed a special importance on the lounge-dining room, which serves the function of an inner patio that opens on to the adjoining spaces: the kitchen, the library, the bathroom and the mezzanine, which houses the bedrooms. The result is a very spacious, luminous space whose different settings are defined with visual elements like the furniture, the flooring or the colors.

The staircase that leads to the upper level is situated behind the toilet unit, which contrasts with the great openness and luminosity of the rest of the loft due to its closed, opaque appearance. Sunlight has been fully exploited by keeping the large window and skylight on the top floor.

This project has succeeded in creating a space of great fluidity and harmony by fitting the functional requirements into a very complex floor space.

Un antiguo taller de planta triangular con una estructura de pilares y de tejado irregular fue objeto de una compleja intervención arquitectónica para alumbrar este loft, que integra una vivienda y dos talleres de artista en un espacio que conserva su aspecto industrial gracias a la estructura y a los materiales empleados.

En cuanto a la distribución, el proyecto arquitectónico concedió especial importancia al salón comedor, que funciona como un patio interior al cual se abren los espacios anexos: la cocina, la biblioteca, el baño y la entreplanta que acoge las habitaciones. El resultado es un volumen de gran amplitud y luminosidad cuyos ámbitos se definen con elementos visuales como el mobiliario, los pavimentos o los colores.

La escalera que da acceso al nivel superior se sitúa tras el bloque sanitario, que, por su aspecto cerrado y opaco, contrasta con la gran abertura y luminosidad del resto del loft. Esta claridad se ha sabido aprovechar manteniendo el gran ventanal y los tragaluces de la planta superior.

Con este proyecto se ha logrado un espacio de gran fluidez y armonía adecuando los requerimientos funcionales a una planta de gran complejidad.

The staircase that leads to the upper level is situated behind the toilet unit, which contrasts with the great openness and luminosity that emanates from the rest of the loft due to its closed appearance.

La escalera que da acceso al nivel superior se sitúa detrás del volumen que contiene los sanitarios, que, por su aspecto cerrado, contrasta con la gran abertura y la luminosidad que inunda el resto del loft

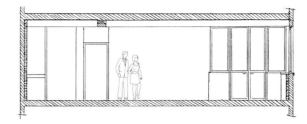

Sections
Secciones

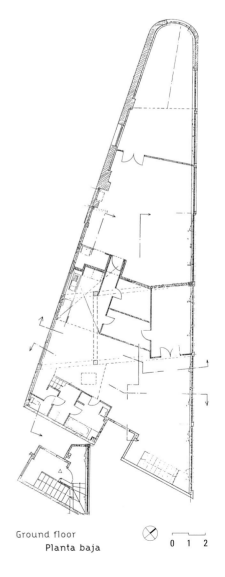

Ground floor
Planta baja

⊗ 0 1 2

Location: Barcelona, Spain

Architects: Sandra Aparicio and Forteza Carbonell Associats

Photography: Santiago Garcés

Area: 645 sq. ft.

Localización: Barcelona, España

Arquitectos: Sandra Aparicio y Forteza Carbonell Associats

Fotógrafo: Santiago Garcés

Superficie: 60 m²

Loft in Poble Nou

The height of fifteen feet made it possible to build a mezzanine in this loft and install a complete domestic program, despite the limited floor space

Loft en Poble Nou

Los cuatro metros y medio de altura de este loft permitieron levantar un altillo y albergar un programa doméstico completo pese a la reducida superficie de la planta

Due to the limited floor space available – a mere 430 sq. ft – the challenge in this project was to install a complete domestic program while also creating a feeling of spaciousness and a neutral, harmonious and luminous atmosphere. So, the kitchen, dining room and lounge form a continuous space, while the bedroom and bathroom occupy a mezzanine that takes advantage of the 15-ft-high ceiling.

On entering the home, the most striking feature is the stainless-steel sheet that makes up one of the worktops in the kitchen. A white Formica unit behind and parallel to it contains the electrical appliances, a larder and a closet for coats. The staircase going up to the mezzanine, made with an iron sheet painted white, runs parallel to the dividing wall, along with some wooden shelves that have also been lacquered white. The balustrade on the top level also serves as a work table, with overhead light supplied by a skylight that has been put into the roof. This table juts out to support the sink directly in front of the shower and the toilet area, which is closed off by means of a sliding door.

Debido a la escasa superficie de la que se disponía, sólo 40 m² de planta, el reto de este proyecto era diseñar un programa doméstico completo y lograr además una sensación de amplitud y una atmósfera neutra, armoniosa y luminosa. Por ello, la cocina, el comedor y la sala de estar forman un espacio continuo, y la habitación y el baño ocupan un altillo que se construyó aprovechando los 4,5 metros de altura.

En el acceso a la vivienda, el rasgo más llamativo es la barra de acero inoxidable que forma una de las encimeras de la cocina. Un mueble de formica blanca colocado tras esa pieza y paralelo a ella contiene los electrodomésticos, una despensa y un armario para guardar los abrigos.

La escalera que sube al altillo, elaborada con plancha de hierro pintada de blanco, corre paralela a la pared divisoria, junto a unos estantes de madera lacados también en blanco. La barandilla del piso superior se transformó en una mesa de estudio sobre la cual se abrió una claraboya para aprovechar la luz cenital. Esta mesa describe un ángulo y hace las funciones de soporte del lavamanos justo delante del espacio que contiene la ducha y el inodoro, que se cierra mediante una puerta corredera.

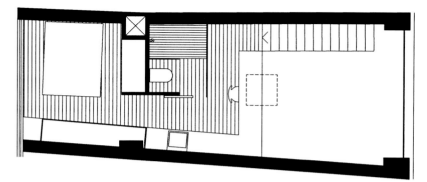

Attic
Altillo

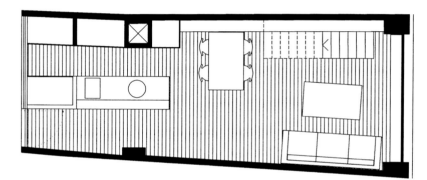

Ground floor
Planta baja

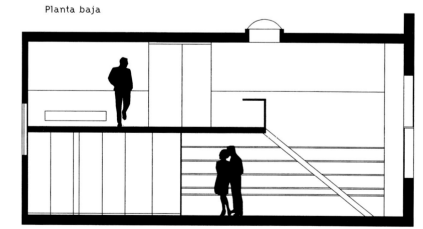

Longitudinal section
Sección longitudinal

0   1   2

Location: New York, United States

Architects: Moneo Brock Architects

Photography: Jordi Miralles

Area: 1,290 sq. ft.

Localización: Nueva York, Estados Unidos

Arquitectos: Moneo Brock Architects

Fotógrafo: Jordi Miralles

Superficie: 120 m²

Broome Loft

The sobriety of the conversion is set off by brightly colored objects and pieces of furniture that endow the home with an imaginative and informal touch

Loft Broome

La serenidad del proyecto está salpicada de objetos y muebles de colores vivos que confieren un toque desenfadado e imaginativo a la vivienda

The owners of this loft wanted to take the fullest advantage of the apartment's pre-existing qualities: large windows that allowed sunlight to flood and high ceilings that bestowed a feeling of spaciousness. In order to enhance these two factors, it was decided to create a large uninterrupted space to house the kitchen, sitting room and dining room, complemented by a more intimate, partitioned area containing the bedroom and the bathrooms.

The abundance of natural light in the open area meant that the walls had to be painted yellow and ochre to avoid any possible glare. Wood was used for the kitchen furnishings, the small bookcases under the windows and the floor. The sobriety of the sitting room is set off by brightly colored objects like the dining-room chairs.

White has also been avoided in the private area, which uses a wide range of colors to turn the rooms into lively, inviting spaces. The bathrooms combine various materials, such as the striking, tinted wavy plastic of the sink unit.

Los propietarios de este loft querían sacar el máximo provecho a las cualidades con las que ya contaba el apartamento: unos grandes ventanales que inundan el interior de luz natural y una considerable altura entre forjados que aporta sensación de amplitud. Para potenciar estos dos factores se decidió proyectar un gran espacio continuo que acoge la cocina, el comedor y la sala de estar y una zona más íntima y compartimentada que incluye el dormitorio y los baños.

Debido a la abundancia de luz natural, en la zona común se hizo necesario pintar las paredes en tonos amarillentos y ocre para evitar posibles deslumbramientos. Además se utilizó madera en los muebles de la cocina, las pequeñas librerías situadas debajo de las ventanas y el pavimento. La sobriedad de la sala de estar está salpicada de objetos de colores vivos, como por ejemplo las sillas del comedor.

El blanco tampoco está presente en la zona privada, donde se desplegó una variada paleta de colores que transforma las estancias en espacios vitalistas y cálidos. Los baños combinan varios materiales, entre los que destaca el plástico ondulado tintado del mueble del lavamanos.

Location: Paris, France

Architects: Frédéric Jung and Claudine Dreyfus

Photography: Hervé Abbadie

Area: 3,600 sq. ft.

Localización: París, Francia

Arquitectos: Frédéric Jung y Claudine Dreyfus

Fotógrafo: Hervé Abbadie

Superficie: 335 m²

Two lofts on Passage Gauthier

This industrial building was refurbished to make room for two self-contained
residences that are only connected by a communal terrace on the upper floor

Dos lofts en el pasaje Gauthier

Este edificio industrial se reformó para albergar dos viviendas independientes que se
comunican tan solo por una terraza comunitaria situada en el piso superior

This industrial building was refurbished to make room for two residences. The brief required that the two homes should be completely separated, except for the terrace, which was to be shared by the friends who made up the two resident families. Apart from the top floor, both units had to be independent of each other, even in the access from the street, so the architect divided the building with a vertical wall and added another level. The conversion focused its attention more on the construction and design than the details, reflecting the building's location and the precision of the architectural project.

The interior program developed an extremely dynamic vertical concept, in a sequence centered on the helicoidal staircases in each loft. The same principle was applied in both spaces, involving a large living room and several blocks that make up the bedrooms, the bathrooms and the closets, although adaptations were made according to the specific needs of each family.

The terrace, with a floor of wooden planks, gazes out over the streets of Paris but is virtually unnoticeable from below. Although the street façade remains practically unchanged, two panels of glass bricks have been put into the rear to allow sunlight to penetrate inside.

Pensado para acoger dos viviendas, este proyecto requería separar por completo ambas residencias, salvo por la terraza, ideada para que la compartieran dos familias amigas. Excepto por el piso superior, cada unidad debía ser independiente de la otra incluso en el acceso desde la calle. Por ello, el arquitecto dividió el edificio existente con un muro vertical y agregó un nivel compartido. La atención se puso más en la construcción y el diseño que en los detalles, lo que refleja la precisión del proyecto arquitectónico y su emplazamiento.

El programa interior desarrolla un concepto vertical de gran dinamismo, en una secuencia que se centra en las escaleras helicoidales de cada loft. En ambos espacios se aplicó el mismo principio, que incluye un amplio salón y diversos bloques que conforman las habitaciones, los baños y los armarios, aunque adaptándolo a las necesidades concretas de cada familia.

La terraza, pavimentada con planchas de madera, planea sobre las calles parisinas y prácticamente no se percibe desde abajo. Aunque la fachada que da a la calle casi no ha sido modificada, en la parte trasera se instalaron dos paneles de pavés que dan paso a la luz natural.

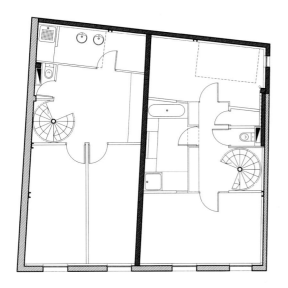

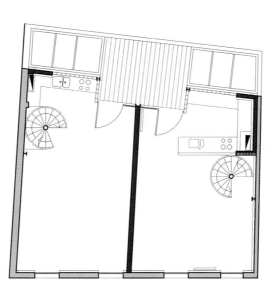

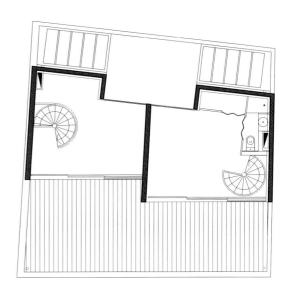

Ground floor
Planta baja

First floor
Primer piso

Second floor
Segunda planta

0 1 2

Location: Paris, France

Architect: Carl Fredrik Svenstedt

Photography: Hervé Abbadie

Area: 1,655 sq. ft.

Localización: París, Francia

Arquitecto: Carl Fredrik Svenstedt

Fotógrafo: Hervé Abbadie

Superficie: 154 m²

Loft on Rue Buisson Saint Louis

The usable living space was doubled by fully exploiting the natural light on these old
industrial premises, comprising a ground floor and basement

Loft en la calle Buisson Saint Louis

El aprovechamiento por todos los medios posibles de la luz natural permitió duplicar
el espacio utilizable para vivienda en este antiguo local de planta y sótano

The conversion of this old print shop and its basement into a residence took the fullest possible advantage of the light coming from the upper story. In this way, the architect also managed to double the living space and apply a modern idiom to an old site.

The project was articulated around a solid wooden staircase set against a green wall, thereby increasing the sense of spaciousness by highlighting the impressive double height that has been created. This intervention also serves to open up and ventilate the large space in the basement, which houses the private areas, protected from the bustle of the street. The main door to the home has also been moved to a garden patio, in order to provide greater independence.

The flooring – the restored oak parquet of the print shop on the upper floor and painted concrete in the basement – emphasizes the continuity of the spaces while also enhancing their differentiation.

The large upper area is set off by vivid colors that highlight the presence of the pre-existing pillars. The contrasts are accentuated by the use of modern furniture, also designed by the architect, and the paintings by Muriel Petit.

La reforma de esta imprenta y de su sótano y su conversión en vivienda exigió aprovechar por todos los medios posibles la luz proveniente de la planta superior. Con ello, el arquitecto también logró duplicar el espacio y aplicar un lenguaje moderno a un ambiente antiguo.

El proyecto se articula en torno a una escalera de madera maciza apoyada en una pared verde que aumenta la amplitud visual al destacar la imponente doble altura que se genera. De esta manera, se abre y se ventila un gran volumen en el sótano, donde se sitúan las zonas privadas, protegidas del bullicio de la calle. La puerta de acceso a la vivienda también se desplazó a un patio ajardinado para proporcionar más independencia.

Los pavimentos elegidos –parqué de roble, restaurado del existente en la imprenta, en la planta superior, y hormigón pintado en el sótano– subrayan la continuidad de los espacios a la vez que propician su diferenciación. El gran ambiente superior se realza con la utilización de colores enérgicos que subrayan la presencia de las antiguas columnas. Los contrastes se acentúan con el empleo de un mobiliario moderno, que también ha diseñado el arquitecto, y de las pinturas de Muriel Petit.

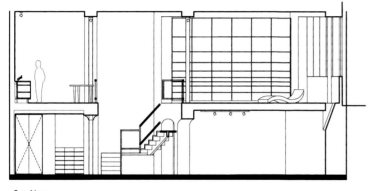

Section
Sección

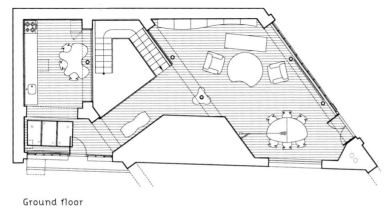

Ground floor
Planta baja

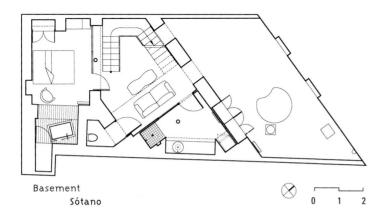

Basement
Sótano

0   1   2

Various devices were used to create two large areas with a minimum of partitions and a maximum of natural lights, including the staircase, the new windows looking on to the street and patio and the bright colors on some of the walls.

Para obtener dos grandes ambientes con la menor cantidad de separaciones y permitir la difusión de la luz natural, se recurrió a todas las astucias posibles, incluidos la escalera, las nuevas vidrieras de la calle y el patio o el colorido de algunas paredes

Location: Paris, France

Architect: Bères Platane

Collaborators: Paul Laigle, Alexandra Deletange

Photography: Hervé Abbadie

Area: 1,720 sq. ft.

Localización: París, Francia

Arquitecto: Bères Platane

Colaboradores: Paul Laigle, Alexandra Deletange

Fotógrafo: Hervé Abbadie

Superficie: 160 m²

Loft on Rue Bichat

The architectural additions to this home set up a dialogue with the old structure without hiding
it – even boldly highlighting it – and allow sunlight to seep into every nook and cranny

Loft en la calle Bichat

Los añadidos arquitectónicos de esta vivienda dialogan con la estructura antigua sin
ocultarse e incluso con audacia y logran llevar la luz natural a todos los rincones

This old two-story warehouse had to be converted without any structural modification to any of its façades. This sparked the idea of stressing the contrast between the existing structure and the additions. So, the architect boldly highlighted the structure, even endowing it with playful shapes and bright colors, thereby emphasizing its presence and calling attention to its use. The other determining factor of the intervention was the maximum possible exploitation of natural light. The façade was stripped of any elements that impeded the flow of light and fitted with a large window, with an uneven texture designed to distribute light, while the empty space under the staircase to the rear was also used as a means of allowing light to penetrate into the interior. Furthermore, this staircase – which functions as an element that structures the levels and broadens the field of vision – has translucent marble steps that allow the light to pass through.

The layout of the space is established by the furnishings, which determine the functionality of each zone. The home therefore emerges as an environment in which the placement of objects determines the utility of each setting, without excluding other possible combinations, so that functionality is closely linked to the visual effect.

Este antiguo almacén de dos plantas debía reformarse sin modificar ninguna fachada, lo que sugirió rehabilitarlo explotando el contraste entre la estructura existente y los añadidos posteriores. Por ello, la arquitectura se ha resaltado con audacia, incluso dándole formas alegres y colores vivos, de una manera que destaca su presencia e invita a usarla. El otro condicionante de la intervención fue aprovechar al máximo la luz natural. Para lograrlo se despejó la fachada de elementos que dificultaran el fluir de la luz y se instaló una vidriera tallada como un diamante, con el fin de distribuir la iluminación. Y en la parte trasera se utilizó el volumen vacío de la escalera para llevar la luz al interior. La propia escalera, que funciona como elemento que estructura los niveles y mantiene la amplitud visual, tiene los peldaños de mármol translúcido para no detener la luz.

La distribución del espacio la marca el mobiliario, que establece la funcionalidad de cada zona. Así, la vivienda se presenta como un paisaje en el que la colocación de los objetos determina la utilidad de los ambientes, pero sin descartar otras combinaciones posibles, de manera que la funcionalidad y la estética quedan íntimamente ligadas.

192

The project has created an environment in which the placement of objects determines the utility of each setting, without excluding other possible combinations, so that functionality is closely linked to the visual effect.

El proyecto construye un paisaje en un terreno donde la colocación de los objetos determina la utilidad de cada ambiente sin descartar otras posibles combinaciones, de manera que la funcionalidad y la estética quedan íntimamente ligadas

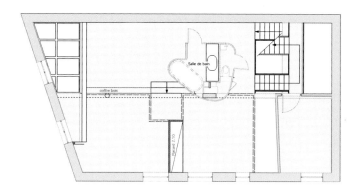

Second floor
Segundo piso

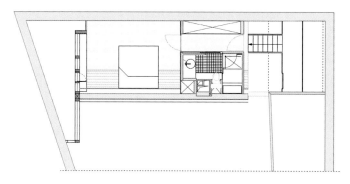

First floor
Primer piso

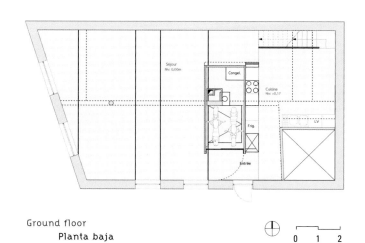

Ground floor
Planta baja

0 1 2

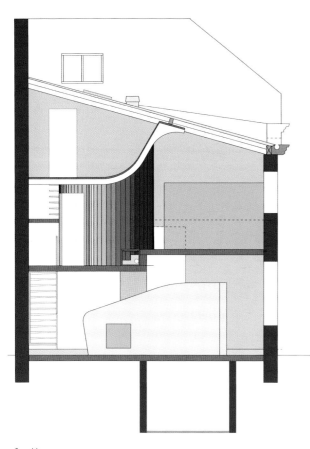

Section

Sección

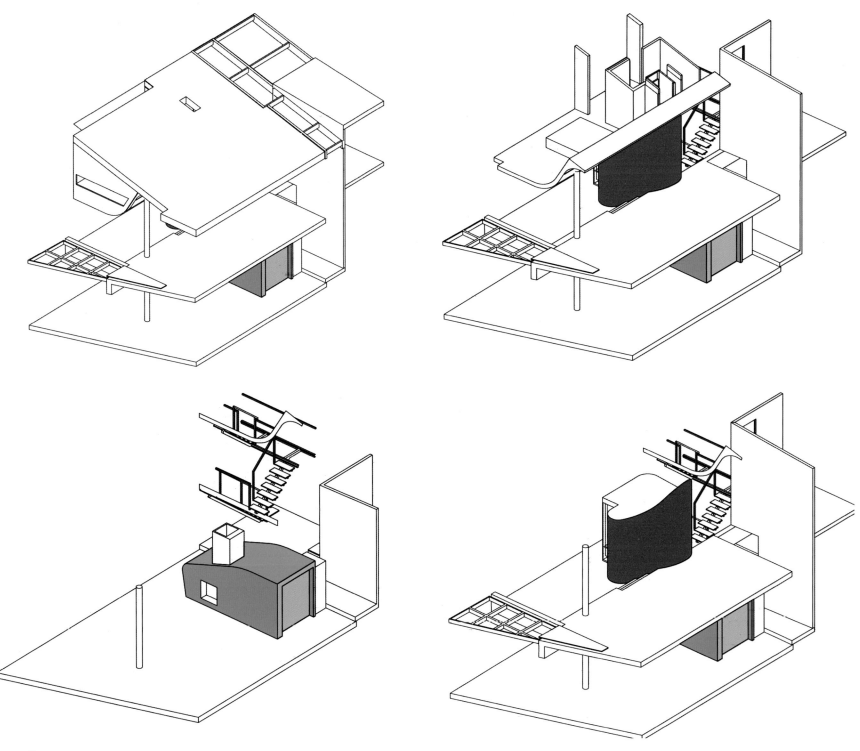

Perspectives
Perspectivas

Structures
Estructuras

Spaces with various levels
Espacios con varios niveles

Libraries
Bibliotecas

Staircases
Escaleras

Partitions
Particiones

Kitchens
Cocinas

Lighting
Iluminación

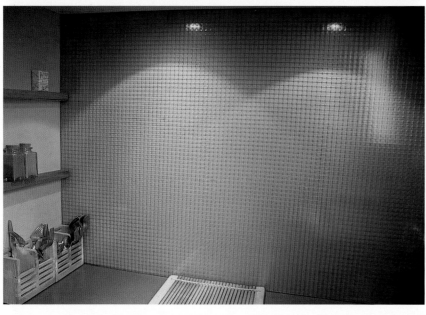

Tables
Mesas

Chairs
Asientos

Otros títulos de la editorial Other titles by the publisher

La Fundición, 15. Polígono industrial Santa Ana. 28529 Rivas-Vaciamadrid. Madrid. Tel.: 34 91 666 50 01. Fax: 34 91 301 26 83. asppan@asppan.com www.onlybook.com

**Restaurantes al aire libre
Open-air Restaurants**
ISBN (E/GB): 84-96048-20-9

**Hotels. Designer & Design /
Hoteles. Arquitectura y diseño**
ISBN: (E/GB) 84-89439-61-3

**+Hoteles. Designer & Design /
+Hoteles. Arquitectura y diseño**
ISBN: (E/GB) 84-96137-14-7

**Oficinas. Arquitectura y diseño /
Offices. Designer and Design**
ISBN: (E/GB) 84-96137-57-0

**Lofts. Arquitectura y diseño /
Lofts. Designer and design**
ISBN: (E/GB) 84-96137-16-3

Interiores maximalistas
ISBN: (E) 84-96137-38-4

**Del minimalismo al maximalism
Do minimalismo ao maximalismo**
ISBN: (E/P) 84-89439-76-1

Bars/Bares
ISBN: (GB/E) 84-96241-06-8

Nueva York minimalista
ISBN: (E) 84-96241-66-1

Atlas mundial de arquitectura
ISBN: (E) 84-96137-04-X

Escaleras
ISBN: (E) 84-89439-26-5

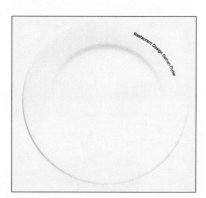

Diseño de restaurantes
ISBN: (E) 84-96241-17-3

www.onlybook.com

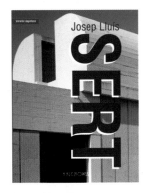

Josep Lluís Sert
ISBN: (E)   84-96048-19-5
ISBN: (GB) 84-96048-24-1

Gwathmey & Siegel
ISBN: (E)   84-96048-18-7
ISBN: (GB) 84-96048-25-X

Frank Lloyd Wright
ISBN: (E)   84-96137-30-9
ISBN: (GB) 84-96137-31-7

KPF
ISBN: (E)   84-96137-32-5
ISBN: (GB) 84-96137-33-3

Antoni Gaudí. Salvador Dalí
ISBN: (E)   84-89439-37-0
ISBN: (GB) 84-89439-38-9

Josep Lluís Sert. Joan Miró
ISBN: (E)   84-96048-51-9
ISBN: (GB) 84-96048-52-7

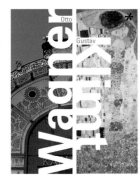

Otto Wagner. Gustav Klimt
ISBN: (E)   84-96137-35-X
ISBN: (GB) 84-96137-88-0

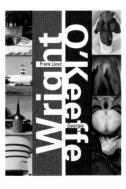

Frank Lloyd Wright. Georgia O'Keeffe
ISBN: (E)   84-96241-14-9
ISBN: (GB) 84-96241-15-7

Transporte y arquitectura
ISBN: (E) 84-96137-36-8

Aeropuertos
ISBN: (E) 84-96241-18-1

La oficina del siglo XXI
ISBN: (E) 84-96137-65-1

The Best of Bars & Restaurants
ISBN: (E/GB) 95-09575-86-0

www.onlybook.com

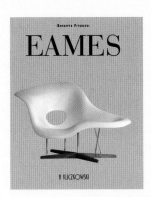

Eames
ISBN: (E) 84-96137-61-9

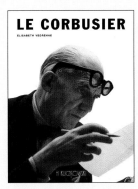

Le Corbusier
ISBN: (E) 84-89439-46-X

Oscar Niemeyer
ISBN: (E) 84-89439-42-7

Andy Warhol
ISBN: (E) 84-96137-63-5

Memphis
ISBN: (E) 84-96048-43-8

Bauhaus
ISBN: (E) 84-96048-47-0

El espíritu dadá
ISBN: (E) 84-96048-44-6

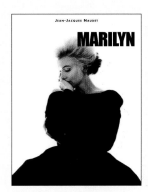

Marilyn
ISBN: (E) 84-96137-64-3

Man Ray
ISBN: (E) 84-96137-55-4

Picasso y sus objetos
ISBN: (E) 84-89439-43-5

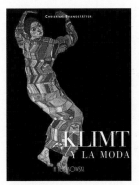

Klimt y la moda
ISBN: (E) 84-96048-49-7

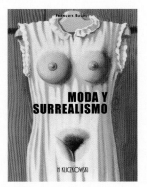

Moda y surrealismo
ISBN: (E) 84-96137-94-5